Carl-Peter Steinmann, Claus-Dieter Steyer, Christoph Stollowsky

RADPARTIEN IM BERLINER UMLAND 1

Carl-Peter Steinmann, Claus-Dieter Steyer, Christoph Stollowsky

RADPARTIEN IM BERLINER UMLAND 1

Mit Fotografien von Thilo Rückeis

nicolai

Die Autoren *(von links nach rechts)*:

Christoph Stollowsky, geboren 1954, ist seit 1991 Redakteur des »Tagesspiegel«. Seit vielen Jahren geht er hinter den Kulissen Berlins auf Entdeckungstour und hat dabei eine der erfolgreichsten Serien im »Tagesspiegel« entwickelt, »Berlins geheime Orte«. Daraus sind zwei gefragte Bände der Berlinothek entstanden, die schon mehrere Auflagen erlebten: *Geheime Ort in Berlin* und *Geheime Orte für Kinder*.

Claus-Dieter Steyer, geboren 1956, ist seit 1990 Brandenburg-Reporter des »Tagesspiegel«. Er kennt nahezu jeden Winkel des Landes und sucht vor allem nach Geschichten abseits der großen Politik. Die Ergebnisse sind u. a. jeden Sonntag in einem Ausflugstipp in der Reisebeilage vom »Tagesspiegel« nachzulesen.

Carl-Peter Steinmann, geboren 1946 in Lerbeck/Westfalen, ist in Berlin aufgewachsen. Er arbeitet als Stadthistoriker und Autor und ist als freier Mitarbeiter beim »Tagesspiegel« tätig. Außerdem organisiert und konzipiert er Veranstaltungen und Touren zu historischen Themen.

Bildnachweis:
Alle Fotografien von Thilo Rückeis
außer: S. 5 links, Mitte, 16: Uwe Steinert; Seite 19: © Kolonie Eden; Seite 23, 63: Christoph Stollowsky; Seite 43: Aus: »Einstein in Caputh. Die Geschichte eines Sommerhauses«; Philo-Verlag; Seite 47, 48, 52, 86, 89: Claus-Dieter Steyer; Seite 57, 58: Museum Motzen; Seite 71: Aus: »Das Märkische Grabmal«, G. Ramm-Verlag; Seite 75, 77: Aus: »Fidus«, Rogner & Bernhardt bei Zweitausendeins Verlag

Lektorat: Bettina Hüllen und Christoph Stollowsky
Layout: Pauline Schimmelpenninck Büro für Gestaltung, Berlin

Umschlagfoto: Kitty Kleist-Heinrich
Figuren auf dem Umschlag: Fa. Preiser
Karten im Buch: Fabian Barthelt
Satz: LVD GmbH, Berlin
Druck und Bindung: Claussen & Bosse, Leck
ISBN 3-89479-141-1

INHALT

Einleitung 7

Rad-Tipps 9

TOUREN

Radpartie 1
Zum Reichstag nach Sommerswalde
Richard Sommers Traumschloss im Havelland 12

Radpartie 2
Das Gespenst im Schlosshotel
Italienische Hofgüter und ein verlassenes Schloss bei Potsdam 26

Radpartie 3
Einsteins kleines Paradies
Am Schwielowsee und rund um Werder 40

Radpartie 4
Ins Land der Sommerfrische
Der Motzener See und die Freikörperkultur 54

Radpartie 5
Der Tiger im Panorama-Turm
Die Seenlandschaft zwischen Woltersdorf und Rüdersdorf 68

Radpartie 6
Alles sauber, alles rein
Zum Liepnitzsee und anderen Waldseen bei Bernau 82

Simone de Beauvoir jubelte beim Radeln mit Jean-Paul Sartre: »Ich fühl' mich so herrlich frei.« Und der französische Schriftsteller Émile Zola genoss »die frohe Trunkenheit des Dahinrollens durch Licht- und Sonnenbäder«. Radfahren macht gute Laune. Wer tüchtig lostritt, pfeift auf die Welt. Besonders im Frühjahr und Sommer, aber auch im Herbst und vor allem: in einer anmutigen Landschaft, in der man nicht über alle Berge muss – wie in Brandenburg.

In der Mark traten wir für den »Tagesspiegel« heftig in die Pedale. Wir haben die schönsten Wege für Radausflüge ins Berliner Umland gesucht, getestet und kombiniert, bis aus jeder Tagestour eine runde Sache wurde: So entstanden unsere sechs außergewöhnlichen, persönlich erkundeten Radpartien zwischen Spree und Havel, zu Schlössern, beschaulichen Dörfchen, Städtchen, Picknickplätzen und Badeseen.

»Der Tagesspiegel« hat die sechs Touren im Rahmen seiner Serie »Radpartie« erstmals veröffentlicht – und tausende Leser waren nicht mehr zu bremsen: Sie machten sich auf den Weg, als hätten sie auf eine solche anregende Starthilfe schon lange gewartet. Jeder Ausgabe lag die jeweilige Streckenkarte bei, handlich im DIN-A6-Format gefaltet. Dazu gab's für jede Radpartie noch eine Extraseite im Lokalteil zu den Besonderheiten einer jeden Landschaft – eine erzählerische Rundfahrt für alle, die noch mehr über das Land erfahren wollen, durch das sie strampeln.

Nun haben »Tagesspiegel« und der Nicolai Verlag die Radpartien in diesem Führer zusammengefasst, aktualisiert und durch zusätzliche Informationen erweitert – ein einmaliges Service-Päckchen für alle, die unsere Touren in der Zeitung entweder ganz verpasst oder nicht komplett haben oder die Serie noch einmal vollständig in die Hand bekommen möchten.

Da sind zum einen unsere Karten: übersichtlich gestaltet mit Tipps, wie sich die Tour verkürzen oder verlängern lässt, und einer ausführlichen Wegbeschreibung auf der Rückseite. Mit jeder Karte kann man außerdem auf Schatzsuche gehen. Besondere Ziele liegen auf der Strecke. Jedes ist mit einem roten Punkt und einer Nummer versehen; Erklärungen hierzu gibt es ebenfalls auf der Kartenrückseite: die schönsten Picknick- und Badeplätze, Cafés, Biergärten, Aussichtspunkte und Sehenswürdigkeiten. Punkt für Punkt lässt sich so der Reichtum der brandenburgischen Landschaft gewinnen.

Zum anderen gibt es dieses Lesebuch: Damit kann man schon gemütlich zu Hause die märkische Landschaft er-»fahren«, sich einstimmen – und die Touren planen. Denn es enthält auch jede Menge Service: Zugverbindungen, Parkmöglichkeiten, Läden, die Räder verleihen, und andere Infos.

Also – Speichen putzen, fertig, los! Und zum Start noch ein Dankeschön an unseren Fotografen Thilo Rückeis. Er fuhr mit Rad und Kamera alle sechs Touren und hat für dieses Buch die schönsten Motive entdeckt.

Carl-Peter Steinmann
Claus-Dieter Steyer
Christoph Stollowsky

WIE FAHREN RADLER GÜNSTIG MIT DER BAHN?

Mit Rädern in die S-Bahn oder Regionalbahn – das kann teuer werden. Denn im Normalfall benötigen Sie allein für die Hinfahrt zwei Fahrscheine: einen für sich selbst und einen weiteren zum Ermäßigungstarif fürs Rad. Preiswerter ist in jedem Fall die Mehrtages-Fahrradkarte Berlin/Brandenburg für Züge der S-Bahn und des Regionalverkehrs. Sie reduziert den Preis wenigstens für das Fahrrad erheblich. Innerhalb von vier Monaten (ab Ausgabetag) kann es an fünf frei wählbaren Tagen beliebig oft mitgenommen werden. Das Ticket ist an allen Bahnschaltern und am Automaten erhältlich.

Die Ausgangspunkte unserer Radtouren sind mit S- oder Regionalbahnen gut zu erreichen und befinden sich alle in der Tarifzone C; somit gilt der VBB-Tarif. Weitere Auskünfte zu aktuellen Fahrpreisen und VBB-Tarifen erhalten Sie über das S-Bahn-Kundentelefon 030/29 74 33 33 und unter www.s-bahn-berlin.de.

WIE PASST DAS FAHRRAD IN DIE ZÜGE?

Steigen Sie mit Ihrem Rad möglichst nur an den Türen ein, die mit dem Fahrrad-Piktogramm gekennzeichnet sind. Nehmen Sie Rücksicht auf andere Fahrgäste, und verstellen Sie keine Türen und Abteile.

Die Doppelstockzüge des RegionalExpress (RE) haben pro Wagen ein Mehrzweckabteil mit Klappsitzen und ermöglichen darin die Mitnahme von bis zu 16 Fahrrädern. In Triebwagenzügen (RB) ist weniger Platz vorhanden; pro Abteil können nur 8 Fahrräder untergebracht werden. Bei größerem Andrang ist die Bahn allerdings flexibel: So weit es geht, lassen ihre Mitarbeiter dann auch mehr Räder zu.

Wichtig: Werden Räder aneinander gelehnt, fragen Sie andere Radler, wer zuerst aussteigt.

WAS TUN BEI EINER PANNE?

Sonnenschein, Vogelgezwitscher, glatte Wege, alles rollt prima – und dann die Panne! Damit der Ärger nicht zu lange dauert, bringt der Allgemeine Deutsche Fahrrad-Club (ADFC) in Berlin Radwanderern bei, wie man selbst Reifen wechselt, Schläuche flickt, Bremsen nachzieht oder eine widerspenstige Gangschaltung in Gang bringt. Ein Basiskurs und ein Aufbaukurs werden in der Selbsthilfe-Werkstatt des ADFC Berlin in der Brunnenstraße 28 in Mitte regelmäßig angeboten. Für Mitglieder kostet die Teilnahme 4 Euro, Nichtmitglieder zahlen 8 Euro (telefonische Anmeldung unter 44 84 724).

Zur Selbsthilfe sollten Radler auch etwas Werkzeug dabeihaben. Genügte früher ein »Knochen«, empfiehlt sich heute besser ein so genanntes Multifunktionswerkzeug. Auch ein Ersatzschlauch im Gepäck ist nicht schlecht, weil man dann nicht an der Strecke flicken muss und dieser ein Ersatzventil hat. Passen Ventiltyp und Luftpumpe zusammen, kann die Fahrt bald weitergehen.

Sollten Ihre Reparaturversuche scheitern, schauen Sie auf die Rückseite der Streckenkarte. Sie finden dort die Anschriften und Telefonnummern von Fahrradläden in dem entsprechenden Gebiet. Einige Händler bieten sogar Service auf der Route an und eilen als Streckenengel herbei.

WIE GUT SIND DIE RADWEGE?

Die besten Radwege in der Mark findet man eher selten rund um Berlin. In der Regel gilt der Spruch: Je weiter die Region von Berlin entfernt liegt, desto günstiger für Radler. So besitzen heute die Landkreise Spree-Neiße südlich von Cottbus und Oberspreewald-Lausitz rund um Senftenberg die angenehmsten Strecken. Doch keine Bange: Wir haben für unsere Radpartien auch im Berliner Umland nach Möglichkeit die besten Wege für Sie herausgesucht.

Der unterschiedliche Zustand von Brandenburgs Radwegen hängt mit der Verteilung der Fördermittel zusammen. Anfangs glaubten die politisch Verantwortlichen, der Speckgürtel um Berlin brauche keine besonderen Zuwendungen. Das Geld für den Radwegebau sollte dort aus den Steuereinnahmen der Kommunen und Kreise kommen. Entsprechend wurden Randregionen bevorzugt unterstützt. Aber diese Rechnung ging nicht auf, weshalb man heute eher rund um Berlin über Feldwege holpert. Beispiel Königs Wusterhausen: Im Südosten der Stadt rund um Prieros und die Dahmeseenkette ist Radeln teils harte Arbeit, doch südlich von Storkow und an der Groß Schauener Seenkette fährt es sich wunderbar.

WER BIETET GEFÜHRTE TOUREN AN?

Sie rollen zur Rhododendronblüte in den Wörlitzer Park oder zur Erdbeerernte nach Eichstädt, sie steuern Burgen und Herrenhäuser um Beeskow an oder das Ferienschloss von Königin Luise in Paretz: Teilnehmer der geführten Radwandertouren des Allgemeinen Deutschen Fahrrad-Clubs (ADFC) erleben Brandenburg von seinen schönsten Seiten. Hunderte Tages- und Mehrtagesausflüge werden alljährlich angeboten, darunter auch gemütliche Partien für Einsteiger und Familien sowie Senioren- und Feierabendtouren. Ein Angebot für alle, die lieber fachkundig geführt auf Strecke gehen wollen.

Es gibt gleich zwei Programmhefte zum Stöbern: »Rad & Touren« des ADFC Berlin und »Radtouren Brandenburg« des ADFC in Potsdam. Das Berliner Heft ist im Internet unter www.adfc-berlin.de abrufbar. Man kann es auch im ADFC-Laden an der Brunnenstraße 28 in 10119 Berlin gegen 1,44 Euro Porto bestellen (Tel.: 44 84 724).

Das Angebot des ADFC Brandenburg lässt sich unter der Telefonnummer 0331/28 005 95 anfordern. Im Internet: www.brandenburg.adfc.de.

WELCHE RADKARTEN SIND EMPFEHLENSWERT?

Vielleicht sind unsere Radpartien ja der Anfang einer neuen ungebremsten Leidenschaft, denn rund um Berlin kann man per Pedale viele Sommer lang auf Entdeckungstour gehen. Doch ohne gute Karten ist das kein Spaß, weshalb man beim Kauf genau hinschauen sollte.

Empfehlenswert sind die vier Karten des Ampel-Verlages: Berlin-Nordost und Berlin-Nordwest sowie Berlin-Südost und -Südwest im Maßstab 1 : 60 000. Noch besser findet man sich allerdings mit den topographischen Karten des Landesvermessungsamtes und der Geobasisinformation Brandenburg zurecht – im Maßstab 1: 50 000 oder 1: 25 000. Auf diesen Karten ist nahezu jeder Feldweg ersichtlich; dafür erfassen sie aber ein kleineres Gebiet. Und noch ein Spezialtipp: Für einige Landschaften rund um Berlin gibt der Verlag »Grünes Herz« anschaulich gestaltete Radwanderkarten im Maßstab 1: 35 000 heraus (www.gruenes-herz.de).

Manche regionalen Fremdenverkehrsverbände veröffentlichen auch eigene Radwanderkarten für ihre Gegend – beispielsweise die Tourist-Information in 15859 Storkow, Schlossstraße 6, Tel.: 0336/7 87 31 08. Denn im Storkower Land und rund um die Groß Schauener Seenkette südöstlich von Königs Wusterhausen fährt es sich dank neuer Radwege besonders gut. Es gibt jede Menge schöne Ausblicke, Natur-Beobachtungsstationen – und ein Kombi-Pack zur Orientierung: eine Broschüre mit zehn Radtouren durchs Ländchen und die passende Karte dazu (Kosten: 5 Euro).

ZUM REICHSTAG NACH SOMMERSWALDE

Im Havelland baute sich Richard Sommer im Jahr 1891 sein Traumschloss. Dort lebte der skurrile Berliner mit seiner Frau und zwölf Kindern wie ein kleiner Fürst.

RADPARTIE 1

Start: Bahnhof Velten
Ziel: Bahnhof Oranienburg
Länge: 33 Kilometer
Verlängerte Route: 39 Kilometer

Die dreißig Equipagen waren bunt geschmückt. Sie warteten am Bahnhof Schwante auf die Hochzeitsgäste, die mit einem Sonderzug aus Berlin eintrafen. Fast alle Bewohner säumten die Dorfstraße. Es hatte sich herumgesprochen, dass auch zwei türkische Prinzen erwartet wurden. Als alle Gäste in den Kutschen Platz gefunden hatten, setzte sich der Konvoi in Bewegung und verschwand im Forst von Sommerswalde.

Nach kurzer Fahrt öffnete sich der Wald zu einer Lichtung und gab den Blick frei auf drei ungewöhnliche Bauten. In der Mitte ein lang gestrecktes weißes Schloss, das deutlich erkennbar als verkleinerte Kopie des kürzlich fertig gestellten Berliner Reichstagsgebäudes erbaut wurde. Rechts daneben ein roter Backsteinbau, mit kräftigem Mittelturm und vier Ecktürmen. Unverkennbar: Berlins Rotes Rathaus, nur um einiges kleiner. Und auf der anderen Seite des Schlosses eine Moschee mit vier türkisfarbenen Zwiebelkuppeln und hohen Minaretten.

Vor dem Reichstag in Sommerswalde wartete der Schlossherr, das Haupt mit einem roten Fez geschmückt. Orientalisch gewandete Diener stürzten auf die Gäste zu und führten sie ins Palmenhaus. An diesem Vormittag, im Sommer des Jahres 1898, wurde Richard Sommers Tochter Hedwig mit einem jungen Oberleutnant der Infanterie getraut.

Heute fährt kein Besucher mehr in der Kutsche vor; viele kommen mit dem Fahrrad. Der Weg von Schwante nach Sommerswalde hat sich aber kaum verändert: Erst geht es über ein Rinnsal, den Hörstergraben; dann stehen Kiefern am Waldweg Spalier, die schwer nach Harz duften. Ein bisschen Zick-Zack zwischen Sandfurchen, aber die Anspannung lohnt: Das Staunen über die merkwürdigen Bauten inmitten der Mark ist auch nach mehr als 100 Jahren groß. Einiges hat sich allerdings doch verändert. So fehlt die gläserne Kuppel: Sie wurde in den 1920er Jahren abgetragen, weil ihr Einsturz drohte. Und die Moschee erinnert mehr an ein Forsthaus: Die Minarette ersetzte man durch ein schlichtes Dach.

Die Geschichte von Richard Sommer und seinem Sommerswalde begann in Berlins »guter Stube« am Pariser Platz, wo er 1849 im »Palais Sommer« an der Südseite des Brandenburger Tores geboren wurde. Als der Vater, Besitzer einer Holzgroßhandlung, starb, vermachte er seinem Sohn ein stattliches Vermögen und Grundstücke ganz in der Nähe des Brandenburger Tores. Deren Wert vervielfachte sich, nachdem

Überraschung im Schlosspark: Das Rote Rathaus neben dem Reichstag in Sommerswalde.

RADPARTIE 1

die Entscheidung gefallen war, den Reichstag genau an der Stelle zu errichten, wo sich Sommers Grundstücke befanden. Mit den Kaufverträgen in den Händen war er ein gemachter Mann.

Richard Sommer erwarb nun 7000 Morgen Land, um sich seinen großen Traum zu erfüllen. Der Reichstag, der ihm unerwartet viel Geld einbrachte, und das Rote Rathaus, wo die Verträge unterzeichnet wurden, entstanden 1891 in Sommerswalde im etwas kleineren Format. Die extravaganten Bauten verschlangen einen beträchtlichen Teil seines Vermögens, machten ihn aber nicht zum armen Mann. Mit seiner Frau und zwölf Kindern inszenierte er ein fürstliches Leben, lud zu Festen und Jagden ein. Zweimal folgte auch ein junger Türke, Mustafa Kemal Pascha, Sommers Einladung ins Märkische: Er gilt heute als Schöpfer der modernen Türkei und erhielt den Ehrennamen Atatürk.

Einen Teil des Zierrats der Moschee wie Fliesen und Reliefs hatte Sommer in der Türkei anfertigen lassen. Die meisten Baumaterialien kamen aber aus der Umgebung, wo große Tonvorkommen den Rohstoff für Steine, Ziegel und Kacheln liefern. Einer der wichtigsten Orte der Tonverarbeitung war Velten: Dort liefern die Berge im Nordwesten des Ortes einen Ton, der für Ziegeln und Ofenkacheln ideale Eigenschaften hat.

In Velten startet unsere Radpartie – ein Ort der Ruhe. Das Städtchen ist am Vormittag noch nicht so recht aus dem Schlaf gekommen, doch vor einem Jahrhundert war das anders: 1905 gab es in Velten 38 Ofenfabriken. Sie lieferten meist nach Berlin, aber Veltener Öfen heizten auch den Menschen in anderen europäischen Metropolen ein. Begonnen hatte alles mit einer Genehmigung für den Maurerpolier Johann Ackermann im Jahr 1835: Damals durfte er die erste Kachelofenfabrik und Ziegelei aufbauen – und sein Erfolg löste ein wahres Gründungsfieber aus. 1910 war der Ofenboom allerdings vorbei. Velten

Mach mal Pause – zum Beispiel am aturschwimmbad von Oranienburg – m Lehnitzsee.

stürzte in eine Strukturkrise, von der sich der Ort nicht mehr erholt hat. Heute arbeiten noch zwei Unternehmen und pflegen die Tradition: Im Dachgeschoss der Ofenfabrik A. Schmidt, Lehmann & Co. befindet sich das Ofen- und Keramikmuseum.

Ohne den Tonreichtum wäre auch Marwitz, gut 20 Radlerminuten von Velten entfernt, kaum bekannt geworden. So aber hat die 2001 verstorbene große alte Dame der Keramik, Hedwig Bollhagen, den Ort europaweit zum Begriff gemacht. Sie gründete dort 1934 ihre Keramikwerkstatt, überstand den Krieg und die Verstaatlichung. Und bis zum Tode im 93. Lebensjahr verbrachte Hedwig Bollhagen täglich viel Zeit in ihrer Werkstatt im Havelland.

Dieses Land liegt breit und behäbig zwischen Marwitz und Schwante, als hätte der liebe Gott dort seine Vorliebe für Felder und Wiesen entdeckt. Lerchen flattern auf, Trecker schleppen Staubwolken über die Äcker – ein kurzes sportliches Feldweg-Intermezzo bis zu den schnurgeraden Radwegen von Bärenklau und Vehlefanz, frisch asphaltiert zwischen jungen Vorgärten und Familienvillen. Das ist Brandenburgs neue Welt aus der Nachwendezeit – neben Gemäuern, die schon Fontane beschrieb. Denn nun geht es per Pedale von Schloss zu Schloss.

In Schwante bewachen zwei Löwen das Schlossportal, doch hinter den stumpfen Scheiben herrscht kein Leben. Das Herrenhaus verfällt. In Sommerswalde kümmerte sich eine buddhistische Klosterschule in den vergangenen Jahren recht ordentlich um das Schloss, nun sind sie ausgezogen, und der Reichstag ist wieder verwaist. In Oranienburg radeln wir zurück zum Glanz der frühen Preußenzeit.

Die Reifen knirschen im Kies der Parkwege. Im Schloss Oranienburg hielt sich Luise Henriette von Oranien, die Gemahlin des Großen Kurfürsten, bevorzugt auf. Das Havelland erinnerte sie an ihre holländische Heimat. Zum Wasser hatte sie es nicht

Reformkost au
Eden war scho
zur Kaiserzeit
begehrt. Diese
Postkarte warb
damals für die
Produkte der
vegetarischen
Genossenscha

weit: Der Lehnitzsee schmiegt sich im Osten an die Stadt und ist bis heute deren Naturschwimmbad. Eiscafé im Strandcafé? Und dann ins Wasser springen? »Radfahren ist die anmutigste Art des Reisens«, schwärmten schon die Potsdamer Radwanderer zur Kaiserzeit. Vielleicht haben sie dabei eine Runde um den Lehnitzsee gedreht.

AM WEGESRAND: STRENGE SITTEN IM GARTEN EDEN

»Die Bewohner dieser Siedlung meiden den Alkohol und den Tabak. Besucher werden gebeten, nicht zu rauchen, damit der Jugend kein schlechtes Beispiel gegeben werde.« Strenge Sitten herrschten einst in der Kolonie Eden in Oranienburg, doch heute sind Schilder dieser Art nur noch in einer Dauerausstellung über ihre Geschichte zu finden.

Im Mai 1893 trafen sich im Berliner vegetarischen Restaurant »Ceres« 18 Lebensreformer, um die »Vegetarische Obstbaukolonie Eden« zu gründen. Sie wollten ein Gegengewicht schaffen zur rasanten Industrialisierung und der Verelendung der Städte.

Die Gruppe kaufte bei Oranienburg 200 Morgen Land, das sie unveräußerlich einer Genossenschaft übereigneten. Diese gab den Boden in Erbpacht an die Siedler zu niedrigem Zins weiter, weil auch weniger Betuchte den Weg ins Paradies finden sollten. Das stand so ausdrücklich in den Statuten.

Eine bunte Mischung von Reformpädagogen, Vegetariern, Anthroposophen und Vorkämpfern der sozialistischen Bodenreform fand in Oranienburg zusammen und spuckte in die Hände. Nun wurde gerodet, gebaut, erste Obstbäume wurden gepflanzt. Man verarbeitete genossenschaftlich die Früchte zu Säften und Marmeladen und verkaufte diese Produkte. 1908 wurde hier die erste rein pflanzliche Margarine erfunden, die als »EDEN-Reformbutter« bald auf jedem deutschen vegetarischen Frühstückstisch stand.

Eden war nicht nur wirtschaftlich ein Erfolg. Ebenso wie der Monte Verità in Ascona am Lago Maggiore, entwickelte es sich zum Sammelpunkt alternativer Menschen. Sie reisten aus ganz Europa an und tanzten bei den Frühlings- und Erntefesten in weiten Leinengewändern auf dem Festplatz – es war die übliche Eden-Reformtracht.

In den 1930er Jahren hatte die Kolonie 450 Genossenschaftler, fast 1000 Bewohner, einen eigenen Kindergarten und eine Schule. 1933 war mit der paradiesischen Herrlichkeit Schluss: Die jüdischen Genossen wurden vertrieben, eine Familie wurde ins Konzentrationslager deportiert. Während des Krieges durfte nur die Eden-Margarine weiter produziert werden, was vielleicht daran lag, dass Hitler Vegetarier war.

KURZ & LANG

Diese Radwanderung von der Ofenstadt Velten nach Oranienburg ist 33 Kilometer lang. Ungeübte Radler oder Eltern mit Kindern können die Strecke aber notfalls sehr flexibel verkürzen: Bereits nach 7,5 Kilometern bietet sich beim Bahnhof Bärenklau die erste Möglichkeit zur Rückfahrt mit der Regionalbahn nach Berlin. 11,5 Kilometer sind es bis zum Bahnhof Vehlefanz und 14,5 Kilometer zum Bahnhof Schwante.

Nach 33 Kilometern ist der S-Bahnhof Oranienburg erreicht. Wer jetzt noch Puste hat, kann dem Ufer des reizvollen Lehnitzsees noch 6 Kilometer weiter folgen. Es gibt auf der gesamten Tour keine nennenswerten Steigungen, die uns das Radeln schwer machen. Und die meisten Wege sind gut befahrbar.

Hinter dem Schloss Sommerswalde geht es auf einem Waldweg rund 3 Kilometer durch den Schwanter Forst in Richtung Germendorf weiter. Hier holpert das Rad manchmal über Baumwurzeln. Danach rollen Sie weitgehend erschütterungsfrei nach Oranienburg.

Die DDR presste Eden ins sozialistische Planschema und verstaatlichte 1972 den Obstverwertungsbetrieb, die wirtschaftliche Grundlage der Genossenschaft. Nach der Wende wurde der Betrieb zurückgegeben – und geschlossen. Er arbeitete nicht rentabel.

Seit 1950 hatte es ein Jointventure mit ehemaligen Eden-Genossen gegeben, die in den Westen gegangen waren und im hessischen Städtchen Bad Soden am Taunus einen Biogroßhandel betrieben. Eden brachte sein Warenzeichen und die alten Kundenlisten ein, die Wessis gaben das Kapital. Vom stattlichen Erfolg – in den 1980er Jahren 200 Millionen Mark Jahresumsatz – profitierten die Bewohner der Kolonie Eden allerdings kaum. Nach der Wende betrug ihr Anteil am Unternehmen nur noch ein Drittel, doch auch diesen Einfluss verloren sie bald: 1991 übernahm der Schweizer Chemiekonzern Sandoz die Eden-Waren GmbH.

Ist das Paradies auf Erden nun am Ende? Nein – die Bewohner des Gartens Eden in Oranienburg machen weiter, nach vielversprechenden neuen Wegen wird gesucht. Mehr als die Hälfte der Bewohner ist heute im Rentenalter, was lag also näher als der gerade fertig gestellte Bau eines Seniorenheimes.

Vom Engel au
der Gründerz
bis zu alten
Fensterbesch
gen und Tröd
gibt es im ries
gen Antik-Ma
»Historische
Bauelemente
in Marwitz
einfach alles.

FREILAUF: DIE SPUR DER STEINE

Ein gewöhnliches fünfgeschossiges Mietshaus mit 40 Wohnungen ist aus etwa 1,4 Millionen Ziegelsteinen erbaut. Für den Anhalter Bahnhof in seiner ganzen Größe brauchte man insgesamt 16 Millionen. 1871, im Jahr der Reichsgründung, sind 55 Millionen Ziegel auf Kähnen über Kanäle und die Havel in die Stadt transportiert worden. Das geeignete Bindemittel zwischen den Steinen ist eine Mischung aus Kalk und Sand. Riesige Berge davon wurden ebenfalls nach Berlin geschafft. Fleißige Handwerker

RADPARTIE 1

haben sie innerhalb kürzester Zeit verarbeitet. Und damit die Wohnungen auch im Winter wohlig warm waren, brannte man Kacheln aus Veltener Ton und baute kunstvolle Öfen.

Diese wichtigen Baustoffe kamen aus der unmittelbaren Umgebung der Stadt, ein großer Teil aus der Gegend um Velten. Heute kommen die Berliner dorthin und kaufen zur Verschönerung von Haus und Garten historische Bauelemente im riesigen Antik-Markt von Oliver Elias in Marwitz. Am Tag der Wiedervereinigung 1990 erhielt der damalige Frohnauer noch die DDR-Gewerbegenehmigung und eröffnete ein Lager für antike Bauelemente – »alles Sachen, die DDR-Bürger nicht mehr sehen wollten. Türen, Holzfenster, Kacheln, Badeöfen aus der Jahrhundertwende und vieles mehr, was andernfalls auf den Müll geflogen wäre.«

Oliver Elias hatte zuvor in Berlin Philosophie und Geschichte studiert. Nun ging er unter die Sammler, und seine Kunden, damals ausschließlich aus dem Berliner Westen, kaufen mit Begeisterung alte Dielenböden, schmiedeeiserne Zäune, gusseiserne Heizkörper, Lampen oder Kamine.

Bis heute kommen die Käufer überwiegend aus Berlin. »Manche Brandenburger kaufen aber auch die alten Zinkbadewannen zurück«, sagt Elias, »die sie nach der Wende selbst auf den Sperrmüll warfen.« (Historische Bauelemente, Bärenklauer Weg 2, 16727 Marwitz, Tel.: 03304/50 22 42, Di.–Fr. 14–18 Uhr, Sa. 10–18 Uhr; www.historische-bauelemente.com).

Carl-Peter Steinmann

RAD & RAT

Wie komme ich hin? Velten ist mit dem RegionalExpress (RE 6) von den S-Bahnhöfen Charlottenburg, Spandau, Falkensee und Hennigsdorf oder mit der RegionalBahn (RB 55) ab Hennigsdorf gut zu erreichen. Der RE 6 verkehrt stündlich, die RB 55 alle 30 Minuten.

... und wie zurück? Ab Oranienburg bieten sich die S-Bahn (S 1) oder der RegionalExpress (RE 5) an. Die S 1 fährt alle 20 Minuten, während der RE 5 stündlich fährt und an den Berliner Bahnhöfen Karlshorst, Ostbahnhof, Alexanderplatz, Friedrichstraße, Zoologischer Garten und Spandau hält. Wer nach der Tour-Verlängerung am Bahnhof Lehnitz ankommt, benutzt die S 1. Zugauskunft unter Tel.: 11861 oder VBB-Infotelefon 254 141 41.

Die Touristen-Information Oranienburg, in der Bernauer Straße 52, Tel.: 03301/70 48 33, www.tourismus-or.de, informiert die Besucher über die Stadt und die Region. Geöffnet: Mai – September Mo.–Fr. 9–18 Uhr, Sa.–So. 9–14 Uhr, Oktober – April Mo.–Fr. 9–17 Uhr.

Macht das Fahrrad Probleme liegen an der Strecke zwei Fahrradläden. In Velten bietet »Fahrrad-Foedde« in der Bahnstraße 4 a seine Dienste an (Tel.: 03304/50 26 10, Mo.–Fr. 9–12 und 13–18 Uhr, Sa. 9–12 Uhr). In Oranienburg gibt es nahe dem Schloss in der Bernauer Straße 2 das Radsporthaus Koepernick (Tel.: 03301/3816, Mo.–Fr. 9–18 Uhr, Sa. 9–12 Uhr).

Hunger und Durst kann man auf halber Strecke im kleinen Biergarten der »Lindenschänke« in Vehlefanz stillen (Lindenallee 60, Tel.: 03304/50 28 89, Di.–So. 10.30–22 Uhr).

Weitere Hinweise finden Sie »Am Wegesrand« auf der Rückseite der Streckenkarte.

DAS GESPENST IM SCHLOSSHOTEL

Italienische Hofgüter und ein verlassenes Schloss bei Potsdam. Hier inszenierte ein General für seinen König Spukgeschichten. Später bewirtete Kempinski dort seine Gäste

RADPARTIE 2

Radtour: Start und Ziel Bahnhof Potsdam
Länge: 36 Kilometer
Verkürzte Route: 30 Kilometer,
verlängert: 47 Kilometer

Es war ein Tag von allererster Güte. Die Gäste radelten in der Frühe durch Obsthaine und zu den Ufern der Wublitz, eine taufrische Brise im Rücken. Um sie herum zog der Sommer auf, als setze er alles daran, Himmel und Wasser mit den schönsten Blautönen einzufärben. Später gab es auf der Schlossterrasse einen geschäumten Kaffee, sie schwammen hinaus in den lieblichsten aller Havelseen – den Schlänitzsee – und segelten in einer leichten Yacht rund um die Insel Töplitz. Dann dämmerte der Abend, die Ober zündeten Kerzen an und servierten im Schlosssaal Aal auf Knusperlauch. Das war nun die rechte Zeit für ein paar Gruselgeschichten über die alte Marquardter Gräfin. Sie könne keine Ruhe finden, erzählte man sich im Dorf. »Wie auf großen Socken schlurrt es durch alle unteren Räume des Schlosses; man hört die Türen gehen; dann alles still.«

Solche Tage im »Kempinski-Hotel Schloss Marquardt« im Havelland gönnte sich die bessere Berliner Gesellschaft der frühen 1930er Jahre gerne. Das noble Hotelunternehmen warb offensiv für sportliche Wochenenden mit Segeln, Reiten oder Velofreuden in der geschichtsträchtigen Luxus-Herberge im Nordwesten Potsdams. »In der Tat ist das Schloss eines der bestgelegenen in der Umgebung Berlins«, heißt es in einer alten Annonce. »Sie erleben ein Landschaftsbild von seltener Ruhe und Schönheit.«

Diese Ansicht hat sich bis heute bewahrt. Nur das Schloss selbst ist ein wenig heruntergekommen. Mitte der 1930er Jahre gab Kempinski den Hotelbetrieb auf, weil die Nazis jüdische Unternehmen vertrieben; zu DDR-Zeiten wurde der neobarocke Bau vom

Institut für Obstkunde der Humboldt-Uni genutzt – und seit der Wende steht er leer.

Am besten nähert man sich per Pedale dem Schloss. Hinein ins Dorf bis zur Backsteinkirche und hier Fontanes »Wanderungen durch die Mark Brandenburg« aus dem Rucksack holen: »Wir ... münden in die Dorfstraße ein, zu deren Linken ein prächtiger Park bis an die Wublitz und die breiten Flächen des Schlänitzsees sich ausdehnt.«

Das ist der Höhepunkt. So hat es auch Theodor Fontane empfunden, als er »im lieblichen Ländchen vor den Toren Potsdams« auf Wanderschaft ging – in der von Seen und Schifffahrtsgräben umgürteten Gegend zwischen Bornim, Töplitz und Marquardt. Adelige und ihre Souveräne schätzten sie schon seit dem 17. Jahrhundert als Wohnsitz und Ort der Sommerfrische.

Bereits der Große Kurfürst segelte zum Vergnügen über die Wublitz. Im Schloss Marquardt lebte von 1795 bis 1803 der engste Vertraute Friedrich Wilhelms II., Generalleutnant Rudolph von Bischoffwerder, und ging dort spiritistischen Neigungen nach. Königin Luise, die Lieblingsregentin der Berliner, kutschierte einige Jahre später über die Bornimer Feldflur zu ihrem nahen Ferienschloss in Paretz – und bevorzugte dabei die Route durch den Marquardter Schlosspark.

Und der Romantiker auf dem preußischen Königsthron, Friedrich Wilhelm IV., setzte dem Landstrich nach 1840 schließlich die Krone auf: Er beauftragte Peter Joseph Lenné, auch die Bauernlandschaft hinter den Parks von Sanssouci mit Lindenalleen, Wegen und Hecken zu verschönern. Es sollte eine Agrarwirtschaft zum Vorzeigen entstehen – mit königlichem Hof und Mustergütern in Bornstedt und Bornim, die im italienischen Landhausstil entstanden. Das passte zum milden Klima des Ländchens, wo bis zur Reblausplage 1874 auch der Wein recht gut gedieh und Äpfel und Kirschen seit mehr als 150 Jahren in Plantagen reifen.

Die Obsthaine sind geblieben bei Marquardt oder Töplitz. Die Alleen mit den Linden verschwanden aber nach dem Kriege – bis die Bundesgartenschau 2001 in Potsdam der königlichen Feldflur die Wende brachte: Seither hat man die Lennéschen Wege rekonstruiert und Alleen neu bepflanzt.

Nun treiben die jungen Bäume ihr erstes zartes Grün am Wegesrand. Kein Holpern, kein Schlingern. So komfortabel rollten die Gäste des Kempinski-Hotels in Marquardt bei ihren Radpartien noch kaum übers Land. Doch ihre Routen waren nahezu gleich, sie führten am Ende zur Marquardter Kirche – oder zur Hinterpforte des Schlossparks am Kanal. Das Entree für Heimlichkeiten. Denn hier beginnt der »Königsweg« in den Park.

Diesen Eingang hatte im Dämmerlicht auch Friedrich Wilhelm II. genommen, der für Spuk empfängliche Herrscher unter den Preußenkönigen. Vorbei an hohen Pappeln und Efeuranken rasselte seine Kutsche zur Blauen Grotte, eingelassen in einem Hügel am Schloss. Mit blauen Lasursteinen war sie ausgelegt, und hinter ihren doppelten Wänden raunten Geisterstimmen, mit denen sich Friedrich Wilhelm II. tief ergriffen unterhielt. Der damalige Schlossherr von Bischoffwerder, ein enger Vertrauter des Königs und Mitglied des Rosenkreuzer-Ordens, hatte Schauspieler für diesen Spuk engagiert – und es gelang ihm, Friedrich Wilhelm II. damit stark zu beeindrucken.

Mehr als 70 Jahre später fand Theodor Fontane bei seiner Wanderung nach Marquardt im Sommer 1869 nur noch Fragmente vor, doch er rekonstruierte die Grotte: »Der Eingang niedrig und kaum mannsbreit, barg sich hinter Gesträuch. Das Innere war mosaikartig ausgelegt, und von der Decke herab hing ein Kronleuchter. In diese blaue Grotte, deren Licht- und Farbeffekt ein wunderbarer gewesen sein soll,

Herrlich frei in der königlichen Feldflur.

trat man ein ... alsbald wurden Stimmen laut; leiser Gesang, wie von Harfentönen begleitet.« Dann stellte der König Fragen, und die Geister seiner preußischen Ahnen oder einstige Herrscher wie die römischen Kaiser oder Karl der Große antworteten.

So ermahnten die konservativen Rosenkreuzer ihren König, sich von der Gräfin Lichtenau und anderen Mätressen zu trennen – allerdings mit wechselhaftem Erfolg. Der gekrönte Frauenheld sollte wieder auf dem Pfad der Tugend wandeln und sich in der Tagespolitik gegen die gefährlichen Gedanken der Aufklärung stemmen.

Heute lagern Ausflügler auf dem Hügel und schauen zum Schlänitzsee; die Grotte ist längst eingestürzt und die Zukunft des Schlosses ungewiss. Eine Immobilienfirma hat das Anwesen erworben. Pläne gibt es viele: Hotel, Managerschule, Kurklinik – doch kaum Investoren. Nur die alte Gräfin von Bischoffwerder lebt weiter in der Erinnerung und schlurrt nachts durchs Schloss. Sie kann von Haus und Besitz nicht lassen, sagen die Marquardter.

RADPARTIE 2

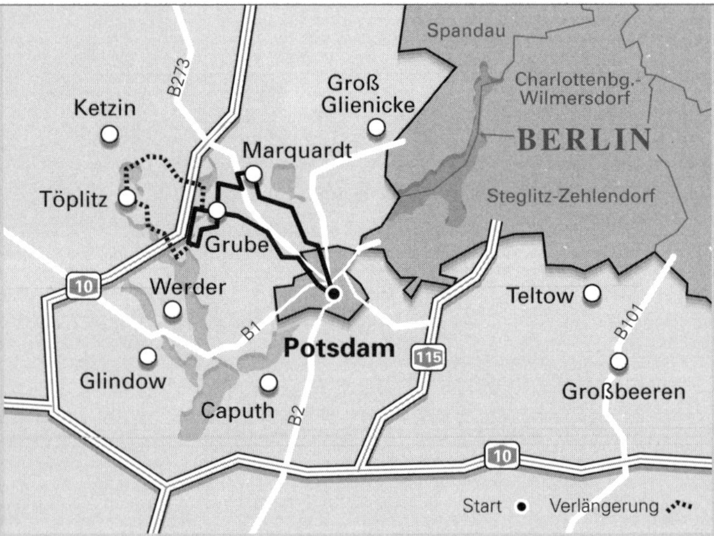

KURZ & LANG

36 Kilometer durch den Garten von Potsdam – diese Strecke ist an einem langen Sommertag auch mit wenig Kondition gut zu bewältigen. Wer dennoch abkürzen will, weil er Kinder dabei hat oder lieber lange Pausen einlegt, hat zwei Möglichkeiten: Er fährt in Grube nicht links Richtung Nattwerder, sondern gleich rechts zum Schlänitzsee. Das spart etwa 6–7 Kilometer rund um die Wublitz.
In Marquardt kann man dann ein weiteres Mal abkürzen, und zwar mit der Regionalbahn RB 21: Ab Bahnhof Marquardt fährt sie werktags bis zum späten Abend stündlich nach Potsdam, am Wochenende alle zwei Stunden. Und von Potsdam verkehrt die S 1 nach Berlin. Alle Wege sind meist steigungsfrei und gut zu befahren. Nur nach Lindstedt geht es in die Höhe, und am Gleisübergang vor Grube müssen die Räder zur Brücke hinauf getragen werden. Als Verlängerung von ca. 11 Kilometern haben wir die Strecke rund um Töplitz ausgesucht – eine Halbinsel mit Feuchtwiesen, Rinderweiden, Wald und alten Kirschplantagen zwischen Göttin und Leest.

AM WEGESRAND: DAS DORF DER SCHWEIZER

Sie kamen auf Wunsch des Großen Kurfürsten: Vierzehn reformierte Schweizer Familien holte der Herrscher im Jahr 1685 nach Töplitz bei Potsdam, denn er brauchte nach dem Dreißigjährigen Krieg tatkräftige Bauern im Land. Und die Schweizer galten damals als besonders kundige Viehzüchter. Für die Siedler war es eine kleine Weltreise: Sie fuhren von ihrer Heimatstadt Bern per Schiff den Rhein hinauf bis Holland, dann entlang der Nordseeküste bis Hamburg und schließlich über die Elbe zur Havel – drei Monate lang.

Exakt 101 Menschen machten sich auf den langen Weg – unterwegs starb eine ältere Frau, ein Kind wurde geboren. Die Anhänger des Schweizer Reformators Ulrich Zwingli waren bei ihrer Ankunft also keine Seele weniger. Nach diesem Kraftakt hatte der Potsdamer Herrscher dann in ihrer neuen Heimat gut vorgesorgt: Er ließ in Nattwerder bei Töplitz eine reformierte Kirche bauen, schenkte ihnen Häuser im Dorf sowie in verschiedenen Siedlungen drum herum und gewährte ihnen Steuerprivilegien.

Die Kirche ist bis heute in dem winzigen Dorf an der Wublitz erhalten, umrahmt von einem romantischen kleinen Friedhof, dessen Grabsteine von der Vergangenheit zeugen. Typische Schweizer Namen sind auf manchen eingemeißelt, wie Dortschy oder Schweingruber, denn jahrhundertelang waren die Nachfahren der damaligen Aussiedler hier sesshaft. Noch heute lebt eine Schweizer Familie in Nattwerder: die Mauerhofs.

Wer zum Dorf will, das gerade mal dreißig Menschen beherbergt, fährt ab Grube erst eine ganze Weile durch Ruhe und Abgeschiedenheit. Eine Pappelallee führt zu den Häusern, ein bisschen liegt hier alles am Ende der Welt. Aber die Erinnerung wird eifrig gepflegt. Es gibt den Verein »Schweizer Kolonis-

tendorf e. V.«, dessen Mitglieder gerne von den Abenteuern der alpenländischen Pioniere erzählen. Sie stellten im Dorf einen Wegweiser auf: »Bern 1401 Kilometer«, und setzten sich dafür ein, dass der historische Kirchhof und die Kirche samt Orgel liebevoll restauriert wurden. Umso beliebter ist seither ihre Konzertreihe während der Sommermonate, die viele Musikfreunde nach Nattwerder lockt (siehe Rad & Rat). Klassische Orgelstücke- und Orchestermusik bis zu Jazz erklingen im Gotteshaus, und hin und wieder kombiniert man Instrumente ganz traditionsbewusst: Alphorn mit Orgel zum Beispiel.

Der Organist drückt bei solchen Konzerten gerne auf einen geheimen Knopf und setzt so Mond und Sonne in Bewegung. Beide Planeten schwebten schon zur Zeit der Schweizer Kolonisten über den Orgelpfeifen und beginnen sich nun zu drehen – begleitet von Glöckchengeläut.

FREILAUF: ROMANTIK MADE IN BRANDENBURG

Ein romantischer Kurzurlaub? Vielleicht am Lago Maggiore oder am Mittelmeer, irgendwo zwischen Capri und Cannes? Keine Frage, schon gebucht – falls Geld und Freizeit dafür ausreichen. Doch was tun, wenn Urlaub und Finanzen knapp sind? Dann bietet Brandenburg wunderbare Alternativen, zum Beispiel an der Wublitz und am Schlänitzsee – mögen diese Namen auch weniger verlockend klingen. Berlins wasserreiches Umland ist immer wieder für eine Überraschung gut – obwohl das viele nicht so recht glauben mögen.

Romantische irche, winziges Dorf – Nattwerder liegt ein bisschen am Ende der Welt.

Gewiss steht in jedem Brandenburg-Führer, welche Idylle man dort findet. Gewiss sind Fontanes Schwärmereien nahezu jedermann bekannt. Aber wahre Begeisterung lösen meist nur bunte Reisekataloge aus – mit fernen Zielen. Das ändert sich erst mit der ersten eigenen Tour rund um Berlin. Sie vertreibt

Abendstimmu[ng] im Schlosspar[k] Marquardt am Ufer des Schlänitzsees.

diese Skepsis. Wer auf zwei Rädern losfährt, gewinnt Vertrauen in die märkische Landschaft und weiß: Sie ist wunderschön.

Nattwerder an der Wublitz – dieses Dorf gehört zwar zu Potsdam, liegt aber so abgeschieden, als hätten es die Stadtväter seit vielen Jahren vergessen: Eine historische Kapelle, ein Feldweg als Hauptstraße, drum herum Wasser, Pferde und Weiden – so etwas erwartet man am Ende der Welt. Oder der Wirtshausgarten zu Grube. Einen lieben Tag lang könnte man sich's hier gut gehen lassen zwischen Gemüse- und Blumenbeeten, dem alten Kirchlein und der sonnenwarmen Gasthofsmauer.

Und schließlich der Schlosspark in Marquardt. Alte Bäume, sanfte Wiesenhügel, flacher Sandstrand – wie geschaffen fürs Familienglück, für Schmusestündchen. Romantik pur in der Mark Brandenburg.

Christoph Stollowsky

RAD & RAT

Wie komme ich hin? Mit der S-Bahn (S 1) von Berlin nach Potsdam den ganzen Tag über alle 10 Minuten.

... und wie zurück? Bis 21 Uhr fährt alle 10 Minuten ein Zug ab Potsdam nach Berlin, danach im 20-Minuten-Takt. Zugauskunft unter Tel.: 11861 oder VBB-Infotelefon: 254 14 141.

Die »Potsdam-Information« hat einen Laden am Alten Markt/Friedrich-Ebert-Straße 5, Tel.: 0331/27 55 80. Geöffnet: werktags von 10 bis 18 Uhr, am Wochenende 10–16 Uhr. Im Internet: www.potsdam.de oder www.potsdam-tourismus. de.

Radverleih und -service, sogar auf der Strecke, bietet das Team vom »Zweirad-Service« an der Potsdamer Straße 201 in Potsdam an. Der Laden liegt ganz in der Nähe des Krongutes Bornstedt. Leihräder für 7,70 Euro pro Tag werden auf Wunsch zum Bahnhof Potsdam gebracht. Das kostet pauschal 10 Euro extra, ganz egal, wie viele Räder es sind. Werktags hat der »Zweirad-Service« von 8 bis 20 Uhr geöffnet, samstags von 8 bis 19 Uhr und sonntags 10–17 Uhr. In dieser Zeit helfen die Pannenengel auch unterwegs. Kosten: Anfahrt 10 Euro, eine Reparaturminute 50 Cent. Tel.: 0331/52 03 71 oder Handy 0172/323 70 07.

Eine Rast im idyllischen Biergarten des Gasthofes Krause in Grube empfiehlt sich auf jeden Fall. Geöffnet: Mi.–So. ab 12 Uhr, Wublitzstraße 11, Tel.: 033202/602 60. Gemütlich ist es auch im »Alten Krug« am Marquardter Parkeingang (Di.–So. ab 12 Uhr, So. ab 11.30).

Gemütlich ist es auch im Landgasthaus »Zum Alten Krug« am Parkeingang in Marquardt. Es gibt einen kleinen Biergarten, selbstgebackenen Kuchen und als

Kräftesammeln im idyllischen Biergarten des Gasthofes Krause in Grube.

Spezialität des Hauses Welsfilet mit Petersilienkartoffeln. Geöffnet: Di.–Sa. ab 12 Uhr, So. ab 11.30 Uhr. Tel.: 033 208/57 233.

Führungen durch den Schlosspark und die Kirche in Marquardt veranstaltet Wolfgang Grittner, Im Park 1, in Marquardt, Tel.: 033208/572 79.
Führungen in die Dorfkirche und über den Friedhof von Nattwerder bietet der Verein »Schweizer Kolonistendorf e. V.« an. Dort erfährt man auch die Konzerttermine in der Kirche.
Kontakt: Annemarie Haardt, Tel.: 033202/603 75, oder Hans Scheffler, Tel.: 0172/928 55 19.

Wer die verlängerte Tour über Töplitz fährt, kann im Landgasthaus »Mühlenberg« an der Phöbener Straße 10 gut pausieren. Man sitzt gemütlich auf der Terrasse und lässt sich's gut gehen mit liebevoll zubereiteten Fisch- und Fleischgerichten, am Wochenende gibt es auch selbstgebackenen Kuchen (täglich ab 12 Uhr). Tel.: 033 202/60 318.

Zurück in Potsdam empfiehlt sich noch ein kleiner Trip nach Russland: In der von Friedrich Wilhelm III. 1826/27 für russische Sänger erbauten Russischen Kolonie Alexandrowka gibt es jetzt ein Restaurant mit Teestube. 2003 wurde es in einem der verzierten Holzhäuser an der Russischen Kolonie 1 eröffnet. Man kann vielerlei Spezialitäten aus der ehemaligen Sowjetunion probieren und den Durst mit »Kwas« stillen – russischem Bier. Das Restaurant ist in der Ausflugssaison dienstags bis sonntags von 11.30 bis 22 Uhr geöffnet, Tel.: 0331/200 64 78.

Weitere Hinweise finden Sie »Am Wegesrand« auf der Rückseite der Streckenkarte.

EINSTEINS KLEINES PARADIES

Am Schwielowsee und rund um Werder
erlebte Deutschlands berühmtester Physiker
die schönsten Jahre seines Lebens.

RADPARTIE 3

Start: Bahnhof Werder (Havel)
Ziel: Bahnhof Potsdam
Länge: 30 Kilometer
Verkürzte Route: 24 Kilometer, verlängert: 34 Kilometer

Er hängt wie ein Medaillon an der Seenkette der Havel westlich von Potsdam: der Schwielowsee. Und schon Theodor Fontane geriet auf seinen berühmten Wanderungen durch die Mark beim Anblick des Sees ins Schwärmen. »Der Schwielow ist breit, behaglich, sonnig und hat die Gutmütigkeit aller breit angelegten Naturen. ... In seine Ufer kuscheln sich vier Gebilde aus Menschenhand.« So beschrieb der Dichter die Dörfer Caputh, Ferch, Petzow und Geltow. Nichts störte die Harmonie. Daran hat sich zum Glück bis heute kaum etwas geändert.

Die Radfahrer erwarten auf der Tour rund um den See keine starken körperlichen Herausforderungen. Dennoch können sie hier gut und gerne einen ganzen Tag unterwegs sein. Entlang des Weges reihen sich wie an einer Perlenkette schöne Plätze zum Picknicken, Baden und Sonnen aneinander – und wundervolle Ausblicke. Da gerät der Tagesplan leicht durcheinander. Schließlich führt die Radpartie nicht nur rund ums Medaillon, sondern direkt hinein ins Paradies.

So empfand es ein anderer berühmter Mann dieser Gegend. Deutschlands bekanntester Physiker Albert Einstein fühlte sich am Schwielowsee so wohl, dass er später die Zeit in seinem Sommerhaus in Caputh zu den schönsten Jahren seines Lebens zählte. 1929 zog er mit seiner Familie in das Blockhaus in Hanglage am Waldrand. Von hier waren es nur wenige Minuten bis zum Wasser.

Im Templiner See, den die Havel auf ihrem Weg zum Schwielowsee vor dem engen Caputher Gemünde passiert, ließ der Wissenschaftler sein Segel-

Trat auch in die Pedalen: Albert Einstein unterwegs in Caputh.

boot zu Wasser. Das hatten ihm wohlhabende Freunde zum 50. Geburtstag geschenkt. Er ließ einen äußerlich nicht sichtbaren Hilfsmotor montieren, um auf der Havel ungestört seine geliebten »Tagträume« zu genießen, wie es ein Bekannter einmal formulierte.

Einstein mochte keine Geschwindigkeitsrekorde oder lange Ausflüge. »Er erfreut sich an entfernten Anblicken, am Licht, an den Farben, den ruhigen

Ufern und an der beruhigenden gleitenden Bewegung des Bootes, das mit einer kleinen Bewegung des Ruders gesteuert wird. All dies verschafft ihm ein glückliches Gefühl von Freiheit«, schrieb sein Schwiegersohn Rudolf Kayser in seinen Erinnerungen. Auch in dieser Hinsicht ist der Schwielow sich treu geblieben. Wer daran zweifelt, sollte sein Rad in Ferch abstellen und mit einem geliehenen Ruderboot hinausfahren.

In Caputh fühlte sich der Professor auch deshalb so wohl, weil er sich hier im Gegensatz zu Berlin recht ungezwungen bewegen konnte. Fotos zeigen ihn auf der Terrasse des Sommerhauses oder im Segelboot meistens im einfachen grauen Freizeitanzug aus Leinen mit ausgebeulten Hosen. So fand er wohl am ehesten Kontakt zu den Einheimischen, denen der Mann mit dem eindrucksvollen Gesicht und dem langen grauen Haar bald ein Begriff war.

Einsteins Begeisterung für Caputh ist verbrieft. Sein Cousin Paul Koch erinnerte sich an ein Gespräch in Frankreich. Er habe ihn gefragt, ob er Paris und die Seine nicht paradiesisch schön fände. Der berühmte Verwandte antwortete: »Mein Paradies befindet sich an einem Havelsee. Es besteht nur aus Holz, sandigem Boden und duftenden Kiefern. Dieses Paradies hat leider nur einen Mangel: Es gibt dort keinen Erzengel, der mit feurigem Schwert neugierige Gaffer und lästige Besucher vertreibt.«

Wegen der ersehnten absoluten Ruhe verzichteten die Einsteins auf ein Telefon. In dringenden Fällen mussten die Anrufer ihr Glück in der Nachbarschaft versuchen – bei Töpfermeister Wolff. Der rief anfangs hinüber, um jemanden aus der Familie ans Telefon zu holen. Später wurde diese umständliche Methode etwas vereinfacht. Einsteins Frau Elsa stellte der Töpferfamilie eine Trompete zur Verfügung und schrieb ein kleines Signalsystem auf. Jedes Familienmitglied erhielt eine bestimmte Tonlage, mit der die entsprechende Person ans Telefon gerufen wurde. »Einmal lang und laut« bedeutete einen Anruf für den Hausherrn.

Obwohl sich Einstein in seinem Paradies eigentlich nicht stören lassen wollte, empfing er doch in dem kleinen Holzhaus viele Berühmtheiten. Nobelpreisträger wie Max Born, Otto Hahn, Max Planck, Rabindranath Tagore und Gerhart Hauptmann gehörten ebenso dazu wie Max Liebermann, Anna Seghers, Heinrich Mann, Chaim Waizmann oder Arnold Zweig.

Sicher haben sich einige mit dem »Ruhe-Bazillus« der Havelseen angesteckt. Vielleicht beobachteten sie gerade das gar nicht aufgeregte Treiben an der Fähre zwischen Caputh und Geltow. Den schönsten Blick bieten bis heute entweder eine Parkbank an der Uferpromenade oder ein Platz in der Veranda des Restaurants »Zur Fähre«.

Gern erzählt man sich hier die Geschichte vom allzu eiligen Autofahrer, der vor einigen Jahren an einem Winterabend mit seinem Wagen in der Havel landete. Sein Navigationssystem hatte ihm statt der Fähre eine Brücke signalisiert. Der Hamburger gab also kräftig Gas und fand sich plötzlich im Wasser wieder. Die Fähre hielt sich zu diesem Zeitpunkt ausgerechnet am anderen Ufer auf, aber wahrscheinlich hätte selbst sie die beiden unverletzt gebliebenen Insassen des BMW nicht aufhalten können.

Ein japanisches und ein deutsches Fernsehteam haben die unvergessene Szene später nachgestellt. Vielleicht hat sich deshalb die beeindruckende Kulisse in der Filmbranche herumgesprochen. Vom Krimi über Familienserien bis zu Volksmusikparaden hat Fährmann Karsten Grunow schon vieles auf seiner »Tussy II« erlebt. Während der Fahrt in der Hauptsaison bleibt allerdings wenig Zeit für einen Plausch. Er steuert in einer Minute über das 80 Meter breite Caputher Gemünde.

Festgelegte Abfahrtszeiten gibt es nicht. Wer am Ufer steht, wird wie vor 150 Jahren nach dem Motto »Fährmann hol über« abgeholt. Öfter als vom Fährmann gewünscht, taucht die Fähre in den Radio-Verkehrsmeldungen auf.

Moderatoren machen sich gerne ihren Spaß aus dem Wortspiel »Fähre Caputh kaputt«. Meistens hat sich dann ein Motorbootfahrer aus Unachtsamkeit mit seiner Schraube in den Fährtrossen verfangen.

Einsteins Gäste erlebten die Fähre schon in ihrer jetzigen Form; bereits 1928 wurde sie motorisiert. Vielleicht haben sie sich auf dem Hin- und Rückweg aber auch in eine der vielen einsamen Buchten des Schwielows oder des Templiner Sees verliebt. Radfahrer finden diese beispielsweise in der Nähe der Caputher Flottstelle, rund um Ferch und auf der Halbinsel Löcknitz, die in den See hineinragt. Doch manch' ein Ausflügler entdeckt seinen Lieblingsplatz an den sanften Kanten des Medaillons erst aus luftiger Höhe. Vom Petzower Kirchturm aus schweift der Blick weit ins Land.

Das Einstein-Haus ist wegen der großen Entfernung nur zu erahnen. Außerdem wurde der Hügel vor dem wohl bekanntesten Caputher Gebäude im zurückliegenden Jahrzehnt dicht bebaut. Selbst der vom Professor so geliebte Blick von der Terrasse auf die Havel ist versperrt. Zurzeit kann das allerdings kein Besucher nachprüfen. Das Holzhaus wird nach der Übertragung an die Hebräische Universität Jerusalem zu einer Begegnungsstätte für Wissenschaftler umgebaut, ohne den historischen Grundriss stark zu verändern.

Einstein verließ sein Paradies am Schwielowsee im Dezember 1932. Da brach er zu einer Vortragsreise in die USA auf und kehrte nach dem Machtantritt der Nazis nie wieder nach Deutschland zurück.

Schmuckstück am Schwielowsee: Das Schloss Petzow entstand nach einem Entwurf von Schinkel.

AM WEGESRAND: DAS LÄDIERTE MÄRCHENSCHLOSS

Theodor Fontane muss beim Anblick des Schlosses Petzow ziemlich enttäuscht gewesen sein. Es sei »nicht zu loben« oder »pittoresk«, schrieb der Märkische Wanderer und lieferte gleich die Erklärung nach: »Es zeigt eine Mischung von italienischem Kastell- und englischem Tudorstil, denen beiden die gotische Grundlage gemeinsam ist.« »Alles aus der Gotik Hergeleitete«, so beklagte er, gelinge eben nicht auf »unserm märkischen Boden.«

Heutige Ausflügler wundern sich weniger über die eigenwillige architektonische Mischung, die immerhin auf einen Entwurf von Karl Friedrich Schinkel zurückgeht. Im Gegenteil: Aus der Ferne betrachtet, wirkt Petzow wie ein Märchenschloss. Schauen sie aber genauer hin, sind sie überrascht wegen des

Rast über'm Wasser: Im Restaurant des Strandbades Ferch genießt man die Aussicht wie auf einer Seebrücke

schlimmen Zustandes. Von den Außenwänden bröckelt der Putz, im Innern ist die Zeit im November 1989 stehen geblieben, und der einst von Peter Joseph Lenné angelegte Park gleicht kaum noch dem historischen Vorbild. Ein lädiertes Schloss also – trotz der malerischen Lage am Schwielowsee. Viele Schlösser und Herrenhäuser fernab von Berlin und Potsdam zeigen sich dagegen schon wieder im schönsten Glanz.

Bis 1945 gehörte das Haus der Familie Kaehne. Der letzte Eigentümer wurde nach Kriegsende verhaftet und ins sowjetische Internierungslager Sachsenhausen deportiert, das er nicht überlebte. Kurz nach der Wende kaufte ein bayerischer Investor das 1825 fertig gestellte Anwesen für sechs Millionen Mark von der Treuhand. In den Folgejahren präsentierte er der Gemeinde immer neue Pläne und Ideen für das zu DDR-Zeiten als Schulungsheim des Gewerkschaftsbundes genutzte Schloss. Eine Nobelherberge und ein zusätzliches Bettenhaus im Park sollten viele Gäste anlocken. Doch finanzielle Sicherheiten fehlten. Schließlich verlor auch die Bank des glücklosen Investors die Geduld. Die Zwangsversteigerung schien unabwendbar, bis im Frühsommer 2003 der Unternehmer Axel Hilpert das Schloss kaufte.

Hilpert war einst Antiquitäten-Aufkäufer des DDR-Devisenbeschaffers Alexander Schalck-Golodkowski und dessen Imperiums für Kommerzielle Koordinierung (KoKo). Nach der Wende spürte er Teile des verschollenen Bernsteinzimmers auf. Er will das Schloss nun bis 2005 zu einem Fünf-Sterne-Hotel umbauen. Für das ursprünglich vorgesehene Bettenhaus im Park sieht Hilpert keinen Bedarf mehr; das von Fontane kritisierte Haus bleibt also ohne störendes Beiwerk. Deshalb verschwindet auch der zu DDR-Zeiten angebaute Saal.

Das Hotel mit seinen Türmchen, Zinnen und Staffelgiebeln soll das Aushängeschild der künftigen Freizeitanlage »Leben und Erleben am Schwielowsee« werden. Bereits eröffnet wurde Ende Mai 2003 ein Yachthafen mit 55 Liegeplätzen. Außerdem entstehen auf dem nahen Gelände des ehemaligen Jugendtouristhotels mehrere Ferienwohnungen in Appartementhäusern sowie Bungalows und ein Vier-Sterne-Hotel.

FREILAUF: DIE QUAL DER WAHL DES PICKNICKPLATZES

Nach dem Ende der Radtour um den Schwielowsee begann das große Grübeln. Denn auf der Landkarte wimmelte es von Kreuzen, Ausrufezeichen und Kreisen. Im Eifer der Begeisterung waren sie für mögliche Picknickplätze entlang der Strecke aufgemalt worden. Da wir immer wieder neue Orte für eine gemütliche Rast entdeckten, mussten viele Punkte einfach wegfallen, um nicht nach jedem Kilometer wegen der schönen Landschaft wieder vom Rad zu steigen. Dann kämen die Ausflügler gar nicht voran. Doch angesichts des großen Angebots reizvoller Stellen fiel die Auswahl schwer.

Da sind zunächst die Biergärten in der Stadt Werder, besonders auf der Insel inmitten der Havel. Wer nicht gerade Mitte April bis Anfang Mai in den Rummel des alljährlichen Baumblütenfestes gerät, findet hier bei einem Schluck Obstwein viel Entspannung. Doch die Konkurrenz ist groß. Die Wiese vor der Petzower Kirche mit dem Blick auf die Havelseen, das Ufer hinter dem Petzower Schloss, die Halbinsel Löcknitz oder die Strandbäder in Ferch und am Campingplatz Caputh prägten sich außerdem tief in die Erinnerung ein. Dazu kamen die vielen »wilden« Stellen an Waldrändern oder auf Uferpromenaden.

Am Ende blieben auf der Landkarte nur eine Hand voll Vorschläge übrig. Was uns tröstet: Radwanderer sind in der Regel neugierige Menschen. Viele unserer strampelnden Nachfolger werden also auch jene Orte entdecken, die wir schweren Herzens wegließen.

Zum Picknick-Favoriten haben wir übrigens das Strandbad Caputh gekürt. Zwar muss man das Rad über die Stufen der Eisenbahnbrücke tragen, doch in der Abendsonne fühlen sich hier Gäste wie an südländischen Gestaden: blaues Wasser, Sandstrand, Palmen und Tortellini aus der Pizzeria.

Claus-Dieter Steyer

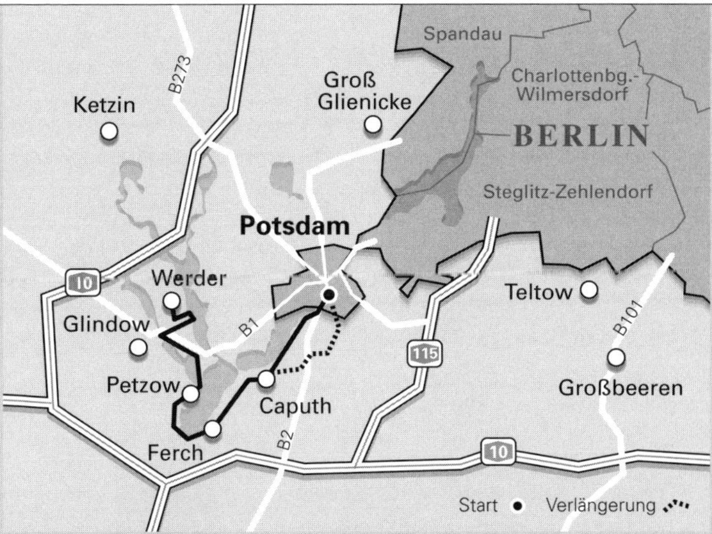

KURZ & LANG

Die Tour ist 30 Kilometer lang, kann aber leicht auf 24 Kilometer verkürzt werden. In Caputh nehmen die Radler dafür die Fähre nach Geltow. Die Überfahrt mit der »Tussy II« über das Caputher Gemünde, das den Templiner See und den Schwielowsee miteinander verbindet, ist trotz der Kürze durchaus ein schönes Erlebnis. Wer gerne Schiffe betrachtet, kommt auf seine Kosten: Die Fähre hat Vorfahrt, Freizeitkapitäne und sogar Fahrgastschiffe müssen warten.
Am anderen Ufer finden wir den Bahnhof Caputh-Geltow. Hier verkehren regelmäßig Regionalbahnzüge in Richtung Potsdam Hauptbahnhof – und von dort erreicht man mit der S-Bahn schnell Berlin.
Vom Bahnhof Caputh-Geltow gelangt man nach weiteren 7 Kilometern auch leicht nach Werder zurück, kann dort noch einen Schoppen trinken und mit der Regionalbahn ohne Umsteigen wieder nach Berlin fahren. Dafür nehmen wir ab Caputh-Geltow die Geltower Chaussee bis zur Straße An der Baumgartenbrücke. Sie stößt auf die

Kunstwerk des Expressionismus: der Einsteinturm auf dem Potsdamer Telegrafenberg. Er wurde 1921 eingeweiht.

Berliner Chaussee (B 1), deren Radweg wir nach links in Richtung Werder folgen.
Die 4 Kilometer lange Verlängerungsstrecke beginnt am Einstein-Haus und führt entsprechend der Beschreibung auf der Karte durch den Wald zur Bundesstraße 2, dann vorbei am Sowjetischen Friedhof bis zum Wissenschaftspark mit dem Einsteinturm. Von dort sind es noch 1,5 Kilometer bis zum Potsdamer Hauptbahnhof.
Die Haupttour führt fast durchgängig auf glatten Radwegen von Werder über Caputh nach Potsdam, während sich die Radler auf der Verlängerungsstrecke teils mit holprigen Waldwegen abfinden müssen.

RAD & RAT

Wie komme ich hin? Nach Werder (Havel) verkehrt die Regional Expresslinie 1 halbstündlich von Ostbahnhof, Alexanderplatz, Friedrichstraße, Zoologischer Garten, Wannsee und Potsdam Hauptbahnhof. Man kann auch mit der S-Bahn (S 1) nach Potsdam fahren und dort in den Express umsteigen.

... und wie zurück? Von Potsdam entweder mit der S-Bahn (S 1) oder mit dem RegionalExpress. Zugauskunft unter Tel.: 11861 oder VBB-Infotelefon 254 14 141.

Das Tourismusbüro in Werder (Havel) liegt an der Kirchstraße 6/7, gegenüber der Bockwindmühle und neben dem Alten Rathaus. Tel.: 033 27/78 33 74, geöffnet: Mo., Mi., Do. und Fr. 9–16 Uhr, Di. 9–18 Uhr.
Am Wochenende: 13–18 Uhr (vom 15. Oktober bis 31. März Fr. nur bis 12 Uhr und Sa./So. geschlossen).

Der Fremdenverkehrsverein Schwielowsee informiert in Caputh, Straße der Einheit 3, Tel.: 033209/70 886 (geöffnet: Mo. und Mi.–Fr. 11–16 Uhr). Im Internet: www.schwielowsee.de und www.caputh.de.

Radservice bietet in Werder das »Radhaus« in der Berliner Straße 6–8 an, werktags von 10–19 Uhr, So. 9–16 Uhr, Tel.: 03327/43 61 91.

Rasten mit wundervollem Blick auf die Fähre und den Schiffsverkehr – das erlebt man in der Gaststätte »Fährhaus Caputh« an der Straße der Einheit 88 (Tel.: 033209/ 70 203). Geöffnet: von April bis Oktober täglich ab 12 Uhr, im März und November nur an den Wochenenden.

176

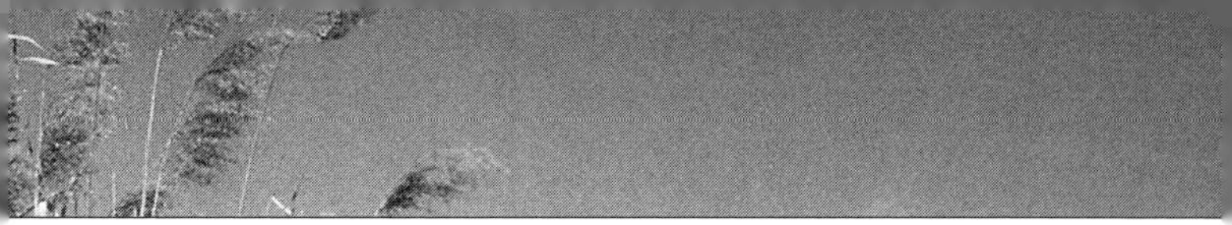

INS LAND DER SOMMERFRISCHE

Den Motzener See entdeckten die Pioniere der Freikörperkultur schon um 1920. Sie kamen mit der Bimmelbahn aus Berlin und trafen sich auf der Märchenwiese.

RADPARTIE 4

Start: Bahnhof Königs Wusterhausen
Ziel: Bahnhof Bestensee
Länge: 34 Kilometer
Verlängerte Route: 47 Kilometer

Im Dorf hießen sie »die Nackten«. Sie kamen mit der Dampfbahn aus Berlin, nannten sich »Windsbräute«, »Freie Menschen« oder »Lichtkämpfer«, diskutierten in Zelten über die proletarische Sexualreform und hatten mit dem Lokführer einen kleinen Liebesdienst abgemacht: Jedes Mal, wenn ihre Märchenwiese am Nordzipfel des Motzener Sees in Sicht kam, hielt er den fauchenden, bimmelnden Zug kurz an. Dann sprangen die jungen Leute ab ins Land der Sommerfrische.

Sie entledigten sich ihrer Kleider, rannten wie Adam und Eva über den Sand ins glasklare Wasser – und brachten mit ihrem Elan die Freikörperbewegung in den frühen 1920er Jahren in Schwung.

Denn am Motzener See, im wald- und wasserreichen Süden von Berlin, »steht die nasse Wiege der deutschen FKK-Kultur«, wie es in den Chroniken der Naturisten heißt. Tatsächlich entdeckten sie hier ihre ersten Paradiese auf den gepachteten Wiesen bei Motzen und am anderen Ufer – auf einer Sanddüne bei Kallinchen.

Doch kaum hatten sie dort ein »einfaches, natürliches Freizeitleben ohne Nikotin und Alkohol, aber mit geistiger Lebensgestaltung« begonnen, da sprach sich ihr gelobtes Land auch unter Berlins textilbedeckten Sommerfrischlern herum: Die stiegen nun in Scharen in Rixdorf in die Dampfbahn und rollten über Mittenwalde in die »saftige, ländliche Welt« rund um den Motzener See, wie eine zeitgenössische Illustrierte schrieb.

Diese Welt hat sich bis heute bewahrt wie die Kolonien der FKKler. Es gibt zwar keine Bimmelbahn

Unerhörtes in Neusonnenland: Mitglieder des FKK-Vereins Birkenheide-Neusonnenland in Kallinchen in den 20er Jahren.

mehr am Nordufer des Sees mit fünf Bahnhöfen, an denen die Lokomotive alle paar Minuten hielt, damit die erholungssuchenden Berliner mit Kind und Kegel aussteigen konnten. Heute fährt man per Auto oder Rad nach Motzen und Kallinchen, spaziert dann aber wie eh und je zu Caféhaus-Terrassen, Ufern und Sandstränden und beobachtet dort den Zug, der übers Wasser kommt: die Segler, Kanuten und Paddler aus Königs Wusterhausen, Schmöckwitz, Grünau oder Köpenick.

Auch sie lockt der See, weil er klar ist und über dem Wasser eine ungewohnte Ruhe liegt. Niemand wird hier von Flitzern bedrängt, Motorboote sind streng verboten.

Ein wenig ist dic Zeit stehen geblieben, zumindest erscheint es so, wenn im Dorf Kallinchen am langen Steg des Fischers der Räucherofen qualmt oder Radler ihr Picknick im Motzener Seebad auspacken.

Holt man allerdings Fontanes »Wanderungen durch die Mark Brandenburg« aus dem Rucksack und liest, was er vor 120 Jahren über die Motzener Gegend schrieb, so entsteht ein Bild aus einer gänzlich anderen Welt.

»Der Himmel verfärbte sich ganz rot«, erzählt der Dichter, »denn wenn Sie nachts bis an den Motzener See fahren, da glüht es und qualmt es rechts und links, als brennten die Dörfer.« Die Tonvorkommen des Landstrichs zogen im 19. Jahrhundert Fabrikanten an. Ziegeleien wurden gegründet und lieferten Millionen Ziegel und Steine nach Berlin. Anfangs auf Kähnen über den Galluner und Nottekanal, Dahme und Spree, ab 1894 zunehmend mit den schnelleren Dampfzügen.

Damals eröffnete die erste Kleinbahngesellschaft der Region ihre Strecke von Königs Wusterhausen

Der schwarze Hermann von der Motzensee-Bahn. Diese Lok brachte Ausflügler in den 20er Jahren von der Hermannstraße in Neukölln nac Mittenwalde.

über Mittenwalde und Motzen nach Töpchin. Sechs Jahre später dampfte gar der erste Zug ab Berlin-Hermannstraße über Britz und Schönefeld nach Mittenwalde. Das Geschäft mit den Ziegeln sollte die Bahnunternehmen bereichern, aber sie hatten sich verspekuliert. Nach dem Ersten Weltkrieg war der Bauboom in Berlin endgültig vorbei, Ziegeleien gingen Pleite. Die Bahngesellschaften suchten dringend neue Kundschaft.

Die Rettung brachten der Müll – und die Sommerfrischler. Denn Abfälle aus Berlin ließen sich gut in den leeren Tongruben lagern; und just um die Zeit, als die Züge in die roten Zahlen rollten, zogen sich in Motzen die ersten FKKler aus.

Also förderte man bei der Bahn beide aussichtsreichen Geschäftsfelder, verlegte aber zuallererst Schienen von Mittenwalde zu den Gruben bei Schöneiche und Schöneicher Plan. Es begann ein Müll-Shuttle, der bis heute auf Gleisen und Straßen in Gang ist und seinen Höhepunkt zu DDR-Zeiten erreichte, als täglich rund 100 BSR-Laster Müll aus West-Berlin zu den Deponien brachten. Doch inzwischen sind die Abfallkarawanen kürzer geworden, und ab 2005 will die Stadtreinigung noch weitaus weniger als heute abkippen.

Von alledem bekamen die Sommerfrischler am See schon damals nichts mit. Die Grube war abgedeckt und aus dem Blick – das Idyll ungetrübt. Deshalb warb die Motzenersee-Bahn Anfang der 1930er Jahre auf Plakaten guten Gewissens für den Schienenweg ins grüne Brandenburg: »Fahrt mit unserer Eisenbahn, seht euch eure Heimat an!« Und die Berliner sangen im Zug: »Eine Kleinbahn bringt dich langsam aber sicher an das Ziel, deine Nerven werden stärker schon bei ihrem Räderspiel.«

Für die Nackten von der Märchenwiese baute man um diese Zeit sogar eine eigene kleine Bahnstation, nun besaßen sie Europas einziges FKK-Gelände mit

Gleisanschluss. Gewinnstreben siegte über die Bedenken der Sittenwächter, schließlich brachten die Naturisten viel Geld in die Dörfer. Sie kamen aus der Wandervogel-Bewegung und aus Sportlerbünden »ohne Geschlechtertrennung«; sie agitierten in Motzen mit Berlins berühmten Sexualpädagogen Dr. Magnus Hirschfeld gegen den § 218 und bauten ihre Freizeitkolonien mächtig aus.

Erst die braunen Machthaber brachten sie in Bedrängnis. Schon 1932 gab es Razzien, aber die Nackten sahen sich vor wie die Murmeltiere, die laut pfeifen, wenn ein Adler kreist: Kaum erscholl der Warnruf »Wasser kocht« – schlüpften alle in Badekleidung. Textilfreiheit sei dem gesunden Volksempfinden zuwider, meinten die Nazis. Doch einflussreiche FKKler überzeugten Hitler, gerade Nudismus sei Ausdruck germanischer Selbstzucht. Also ging das Leben auf der Motzener Märchenwiese unter dem Dach des Kampfbundes für völkische Freikörperkultur weiter.

Aber die Sache der Nackten passte so recht in keine Ideologie. Auch in der frühen DDR durften die letzten Hüllen nicht fallen. Das galt als unvereinbar mit den sozialistischen Idealen. Doch die FKKler setzten sich durch und überstanden auch diese Zeit – bis heute. Nur ihr Gleisanschluss ging verloren; 1952 fuhr der letzte Zug von Berlin nach Mittenwalde und 1968 die letzte Motzenersee-Bahn.

Die Schienen zwischen Töpchin und Mittenwalde blieben erhalten und dienen heute einem Freizeitspaß: Draisinen verkehren auf der idyllischen Strecke, in denen Ausflügler wie im Tretolin kräftig strampeln. Kurz vor dem Platz des Motzener Golf & Country-Clubs überqueren sie die Straße: eine ungewöhnliche Begegnung für alle, die per Pedale unterwegs sind – auf zwei und vier Rädern.

Sandstrand, Wellen, weiter Himmel; im Seebad Motzen kann man ins überraschend klare Wasser rennen.

RADPARTIE 4

AM WEGESRAND: DERBE SPÄSSE DES KÖNIGS

Im Schlosshof hielten zwei Bären Wacht. »Das waren böse Tiere, die auf ihren Hintertatzen umherspazierten, weil man ihnen die vorderen abgeschnitten hatte«, schreibt Helmine, die Tochter Friedrich Wilhelms I. und spätere Markgräfin von Bayreuth, in ihren Memoiren. Und dann erinnert sie sich, wie ihr Vater, der preußische Soldatenkönig, auf den Stufen eines Springbrunnens vor seinem Lieblingsschloss saß und mit Genuss an der Tabakspfeife zog.

Das mag um 1720 gewesen sein, als Friedrich Wilhelm I. mit seiner Familie oft mehrere Monate im Jahr im damaligen Wendisch Wusterhausen lebte. Als 10-jähriger Knabe bekam er von seinem Vater, Friedrich III., die einstige markgräfliche Residenz zu Weihnachten geschenkt; als junger Mann ließ er sie zum Jagdschloss im Renaissance-Stil umbauen und liebte diesen Ort so sehr, dass alle Welt bald nur noch von des Königs Wusterhausen sprach.

Hier verbrachte er seine Arbeitstage so spartanisch und pflichtbewusst, wie er dies auch von seinen Untertanen forderte. Doch er frönte in »KW« auch seinen Leidenschaften – der Jagd auf Rotwild und Wildschweine und der Freude am Militär, das er wie ein Lieblingsspielzeug förderte. Besonders »Lange Kerls« hatten es dem König angetan; die kaufte er in aller Welt ein und ließ die hoch gewachsenen Soldaten mit einer Mindestgröße von 1,88 Meter vor dem Schloss in Königs Wusterhausen paradieren. Und schließlich gefiel ihm noch ein dritter typischer Männerspaß: das Wettrauchen in seinem »Tabakskollegium«.

Dazu lud Friedrich Wilhelm I. Diplomaten und Würdenträger oder Wissenschaftler nach Königs Wusterhausen ein, ließ die Tonpfeife und den Bierkrug emsig kreisen und liebte es, sich über manche lustig zu machen – zum Beispiel über Jacob Paul Freiherr

Villkommen in der Zeit des ›ldatenkönigs: Im Lieblings-hloss Friedrich 'ilhelms I. wird das frühe Preußentum lebendig.

von Gundling, den damaligen Präsidenten der Preußischen Akademie der Wissenschaften. Gundlings Schicksal macht klar, wie schonungslos sich der König dabei verhielt: Er degradierte den alkoholkranken Wissenschaftler über Jahre hinweg zum Hofnarren und ließ ihn später in der Kirche des Bornstedter Friedhofs bei Potsdam in einem großen Weinfass begraben.

Der einstige Saal des Tabakskollegiums im komplett restaurierten und 2000 wiedereröffneten Schloss zeugt von dieser derben Geselligkeit. Auch die Porträts aller jungen Offiziere hängen im Schloss wie einst in der königlichen Privatgalerie; die Familie des Preußenherrschers ist komplett in Öl zu sehen, und 40 von ihm selbst gemalte Bilder sind gleichfalls ausgestellt. Denn Friedrich Wilhelm I. hatte zeitweise noch eine vierte Leidenschaft: Er erholte sich als Hobbykünstler ein wenig von den Staatsgeschäften.

So berührt eine Führung durchs Schloss in Königs Wusterhausen die Wurzeln des Preußentums – und bringt den Soldatenkönig in all seiner Widersprüchlichkeit auch menschlich näher.

RADPARTIE 4

KURZ & LANG

Diese Radwanderung beginnt mit einer gemütlichen, etwa 8,3 Kilometer langen Strecke am Nottekanal. Auch die weiteren Wege sind fast durchweg flach und in gutem Zustand. Die Gesamttour mit 34 Kilometern ist deshalb an einem langen Sommertag gut zu schaffen. Abkürzungsmöglichkeiten gibt es nicht, da Motzen keinen Bahnanschluss hat. Wer vor Bestensee noch unternehmungslustig ist, sollte sich die Verlängerung durch das romantische Naturschutzgebiet Sutschketal gönnen und im Krummen See ein abendliches Bad nehmen. Danach lässt man den Tag am besten in Königs Wusterhausen im Restaurant »Jagdschloss 1896« oder im benachbarten »Weinladen am Kanal« (siehe »Rad & Rat«) genussvoll ausklingen. Die S-Bahn kennt keine 0,5-Promille-Grenze.

FREILAUF: MIT AAL UND APFEL UNTERWEGS

Kurz vor Kallinchen sind die Radtaschen schon beinahe voll: eine Tüte Tomaten, frischgepflückt aus dem Bauerngarten. Ein Kilo Goldparmänen, garantiert ungespritzt – und zwei Salatköpfe, auf denen frühmorgens noch der Tau lag. Jeder so kräftig entwickelt, als müssten sie ein paar Tage lang die Salatschüsseln füllen. Bio-Schnäppchen vom Wegesrand, denn überall an den Straßenrändern verkaufen Brandenburgs Landwirte, was in ihren Gärten und auf den Feldern üppig gedeiht.

Das ist für Radler verlockend, lässt sich ein Picknick doch bestens aus der Landschaft bestücken. Oder man sammelt leckere Mitbringsel für Zuhause ein. Aber es bringt auch Probleme, per pedes ist der Stauraum begrenzt: Hat man Rucksack und Seitentaschen wohlgefüllt, lassen sich im Korb am Gepäckträger vielleicht noch zwei Gläser frisch gekochte Pfirsichmarmelade vom Bauernstand unterbringen und vorne im Lenkerkorb, unter der Radkarte, ein Bund Radieschen. Voilà – mehr passt nicht auf den Drahtesel.

Deshalb sollte man zu Hause für eine Tagestour recht sparsam packen. Ist die Wetterlage stabil, können die Regensachen und warme Kleidung zum Wechseln auch mal daheim bleiben. Lassen wir Platz für die vielen Köstlichkeiten vom Wegesrand, zumal diese keineswegs aufs Vegetarische beschränkt sind.

Es gibt ja auch zahlreiche Berufsfischer im Land Brandenburg, die zur Rast einladen und direkt an ihre Kundschaft verkaufen – zum Beispiel am Motzener See. Und deren Räucheraale, frische Forellen oder Hechte schmecken unvergleichlich lecker. Da lohnt sich eine ausgiebige Rast – und noch ein wenig Platz für ein späteres Fischmenü daheim.

Christoph Stollowsky

RAD & RAT

Wie komme ich hin? Mit der S-Bahn S 46 (ab Westend über den Südring) täglich alle 20 Minuten bis Königs Wusterhausen.

... und wie zurück? Ab Bahnhof Bestensee mit der Regionalbahn RB 14 über Königs Wusterhausen bis Schöneweide, von dort weiter mit der S-Bahn (S 9) bis Bahnhof Zoologischer Garten oder der S-Bahn S 46 über den Südring bis Westend. In die S 46 kann man auch schon in »KW« umsteigen. Die RB 14 fährt werktags und am Wochenende stündlich, nur spätabends ändert sich der Takt. Wer die Verlängerung radelt, nimmt ohnehin ab Königs Wusterhausen die S 46. Zugauskunft unter Tel.: 11861 oder VBB-Infotelefon 254 14 141.

Touristeninformation im Laden direkt neben dem Bahnhofseingang. Geöffnet: Werktags 6.30–18 Uhr, Sa. 9–13 Uhr. Tel.: 03375/25 20 25. Im Internet: www.koenigs-wusterhausen.de oder www.dahme-seen.de.

Fahrradverleih- und Service im Fahrradshop Wenzel (zwei Minuten vom Bahnhof), Bahnhofstraße 18, Tel.: 03375/290 724. Geöffnet: werktags 9–18.30 Uhr, Sa. 9–13 Uhr.

Schloss Königs Wusterhausen: geöffnet Di.–So. 10–17 Uhr, einstündige Führungen werden regelmäßig angeboten, Tel.: 03375/211 700.

Heimatmuseum Motzen (»Haus des Gastes«), geöffnet vom 1. Mai bis Ende Oktober von Di.–So. 10–18 Uhr. Tel.: 033769/20 621.

Und wer sich nach der ganzen Strampelei bei einem guten Essen und Schoppen entspannen will, sollte in

Kaiserzeit fast jeden, der Rang und Namen hatte – aber auch das, was den Leuten gefiel: Aktbilder. Sie ließen sich so gut verkaufen, dass er gar nicht so schnell malen konnte, wie die Aufträge eingingen. Zwei fest angestellte Kunstmaler halfen, die Produktion »echter Fischers« zu erhöhen.

Der »Fischerpalast« wurde 1963 abgerissen, aber in manchen Vorgärten finden sich noch heute Kulissenteile aus der Zeit, als Woltersdorf noch Hollywood war. Eindrucksvoll wird die Filmgeschichte auch in einer Ausstellung im Aussichtsturm auf dem Gipfel des 105 Meter hohen Kranichberges lebendig gehalten: Dort ist der Tiger von Eschnapur noch immer auf dem Sprung.

Vor dem Aufstieg können sich die Radler mit dem klaren Wasser der Liebesquelle erfrischen, über deren erotisierende Wirkung die Meinungen auseinander gehen. Die Wirtin des gleichnamigen Restaurants meint allerdings: »Einen Versuch ist es in jedem Fall wert.« Wer sich bei ihr mit einem Hauptgericht stärkt, erhält von der Chefin (Kennwort: Tagesspiegel-Radtour) eine Freikarte zum Besuch des Filmmuseums im Aussichtsturm.

Obwohl in Woltersdorf heute keine Filme mehr gedreht werden, hat sich etwas Exotik doch erhalten. In der Köpenicker Straße 42, sie gehört zur Kolonie Schönblick, in der auch Jugendstilmaler Fidus lebte, hat der »Herr der Nandus und Emus«, wie Max Törper von Nachbarn genannt wird, seinen Garten in einen Zoo verwandelt. Dicht an dicht stehen hier Volieren mit tropischen Vögeln. Und vor einigen Jahren kaufte sich der rüstige Rentner einen ersten Straußenvogel, dem weitere folgten. Denn »alleine«, so Max Törper, »fühlen die sich nicht wohl«.

Geräucherter Reichtum aus dem Motzener See: Fischer Peter Sombert lädt am Ufer in Kallinchen zu leckeren Fischmahlzeiten ein.

Königs Wusterhausen zwei empfehlenswerte gastronomische Adressen direkt am Nottekanal ansteuern: das stilvolle »Jagdschloss 1896« mit Biergarten und Balkon zum Wasser (Bahnhofstraße 25, täglich ab 11 Uhr, Tel.: 03375/200 700). Sowie nebenan das urgemütliche Weinlokal mit Balkon »Weinladen am Kanal« (Bahnhofstraße 24, im Hof), täglich 18–24 Uhr, Tel.: 03375/295 170.

Weitere Hinweise finden Sie »Am Wegesrand« auf der Rückseite der Streckenkarte.

DER TIGER IM PANORAMA-TURM

Die Seenlandschaft bei Woltersdorf war das Hollywood der Stummfilmzeit. Man drehte exotische Tragödien. Heute ist alles in einer ungewöhnlichen Schau zu sehen.

RADPARTIE 5

Start: Bahnhof Strausberg
Ziel: Bahnhof Erkner
Länge: 28 Kilometer
Verlängerte Route: 42 Kilometer

Die »Deutsche Lichtspielzeitung« war begeistert. »Das Schloss von Eschnapur mit seinen gewaltigen Türmen, verschwiegenen Gärten und zauberischen Hallen ist ein Kunstwerk, das wohl das Beste darstellt, was im märkischen Sand erbaut ist«, schrieb sie am 29. Oktober 1921 und lobte »die Illusion von Indien, diese glaubwürdige Exotik.«

Ein solcher Aufwand wurde für den Film »Das indische Grabmal« getrieben. Publikumsliebling Conrad Veidt spielte den Fürsten von Eschnapur, der von seiner geliebten Frau Savitri (Erna Morena) mit dem englischen Offizier Mac Allan (Paul Richter) betrogen wurde und nun aus Rache ein prächtiges Grabmal errichten ließ, in das die untreue Fürstin lebend eingemauert werden sollte.

In nur fünf Monaten war es dem Regisseur Joe May gelungen, das Drehbuch von Fritz Lang und Thea von Harbou auf die Leinwand zu bringen. Gedreht wurde nicht an Originalschauplätzen oder in Hollywood, sondern in Woltersdorf vor den Toren Berlins. Am Ufer des Kalksees entstand dazu in Originalgröße der Palast des Maharadschas, die Chinesenstadt und ein Dschungeldorf.

Noch heute sind Spuren des Maharadscha-Palastes erhalten. Wer vom Ostufer des Kalksees einen schmalen Weg hinaufradelt, entdeckt sie am Hang in der Nähe des Rüdersdorfer Krankenhauses. Im Garten eines Einfamilienhauses stehen ein Tempel-Pavillon und einige Säulen. Sie stützten einst Teile des Palastes. Auch ein Stück »Palastmauer«, aus nur vier Zentimeter dickem Beton, ist noch erhalten: stumme Zeugen einst hektischer Betriebsamkeit.

ɾachtkulisse in der Mark. Das Tor zum Palast ɾon Eschnapur am Kalksee 1921.

Denn während der Dreharbeiten wimmelte es auf dem Gelände wie in einem Ameisenhaufen.

Hunderte von Statisten dirigierte Joe May hoch zu Ross sitzend. Chinesen und Afrikaner kamen aus ganz Deutschland, mussten aber durch eingefärbte Einheimische noch verstärkt werden. Der Zirkus Sarasani lieferte die Elefanten, Hagenbecks Tierpark die Tiger und das Berliner Aquarium zwei Krokodile.

Seit 1912 entstanden in Woltersdorf Stummfilme. Ein wichtiger Grund waren die Rüdersdorfer Kalksteinbrüche – sie boten eine bizarre Kulisse für unterschiedlichste Filme. Hier gab es ausreichend Wasser, Wald und Fels, ein idealer Hintergrund für individuelle kinematographische Vorhaben damals noch junger, unbekannter Regisseure. Ein weiterer großer Vorteil gegenüber dem Drehort Berlin waren die niedrigen Löhne für Komparsen, was bei Massenszenen das Budget der Produktionsfirmen schonte.

Zu den ersten Regisseuren, die ihre Filme hier drehten, gehörte auch Harry Piel. Bereits mit 19 Jahren hatte er drei Drehbücher geschrieben, und ein Jahr später, 1913, produzierte er in Woltersdorf den Western »Erblich belastet«. Allein in diesem Jahr stellte Piel noch zehn weitere, meist reißerische Abenteuerfilme fertig. Oft war er Drehbuchautor, Regisseur und Darsteller in Personalunion. Das Publikum liebte seinen Wagemut in abstürzenden Autos, brennenden Häusern und untergehenden Schiffen, wo er oft Kopf und Kragen riskierte – oder es zumindest so aussah, denn schon damals gab es Stuntmans.

Mindestens 110 Filme hat Harry Piel in 43 Berufsjahren fertig gestellt, darunter »Panik«, »Das fliegende Auto« und »Das Gefängnis auf dem Meeresgrund«. Als er 1963 im Alter von 71 Jahren in München verstarb, waren der Kinderreim »Harry Piel sitzt am Nil und wäscht die Glatze mit Persil ...« wie auch die meisten seiner Filme längst vergessen.

Harry Piel hatte bevorzugt in den Canyons der Kalksteinbrüche gedreht, doch einen anderen Stummfilmregisseur zog es zum benachbarten Kalksee, wo er den Aufwand am weitesten trieb: Joe May hieß mit bürgerlichem Namen Julius Otto Mandl. In Wien war er als Sohn eines wohlhabenden jüdischen Kaufmanns aufgewachsen, bevor er zum Studium erst nach Leipzig und dann nach Berlin kam. An der Königlich Preußischen Landwirtschaftlichen Hochschule widmete er sich der Rinderzucht und Pflanzenkultivierung. Nach dem Examen heiratete er die 18-jährige Sängerin Maria Pfleger, aus der bald die Schauspielerin Mia May wurde, die in vielen Filmen ihres Ehemannes erfolgreich als Hauptdarstellerin vor der Kamera stand.

Als Joe May 1919, im Alter von 38 Jahren, nach Woltersdorf kam, baute er hier seine eigene Filmstadt auf. Die »Herrin der Welt« und »Der Tiger von Eschnapur« gehören zu seinen großen Publikumserfolgen. Aber dann kam die große Weltwirtschaftskrise, Joe May ging Pleite und musste 1932 verkaufen.

Ein Jahr später flüchtete der Nichtarier, wie viele seiner Filmkollegen, ins amerikanische Exil. 1954 starb er im »echten« Hollywood.

Die Filmstadt verfiel nach und nach, und der einstige Drehort Woltersdorf geriet in Vergessenheit. Dass Reststücke des Maharadscha-Palastes bis heute existieren, hat Kenner der Filmgeschichte anfangs überrascht. Schließlich stand das Gebäude auf der gegenüberliegenden Seite des Kalksees. »Daran ist der verrückte Professor schuld«, erzählt eine ältere Anwohnerin. »Der kaufte den ganzen Kram und ließ den Palast 1932 in Einzelteilen mit Schiffen auf die andere Seeseite schaffen, wo er ihn auf seinem Grundstück wieder aufbauen ließ.«

Der »verrückte Professor« war der Hofporträtmaler Arthur Fischer. In seinem repräsentativen Atelier, Unter den Linden 24, malte er bis zum Ende der

Glitzerlicht im Kalksee – n dessen Ufer bt es reizvolle Picknick- und Badestellen.

Jugendstil-Maler Fidus: Ein Foto des Künstlers aus dem Jahre 1943. Er starb 1948.

AM WEGESRAND: FIDUS, DER BÜRGERSCHRECK

Am 16. November 1888 verurteilte das königlich-bayerische Landgericht München den Naturphilosophen Karl Wilhelm Diefenbach und seinen Schüler Fidus (der Getreue) wegen »Unsittlichkeit durch Entblößen der Geschlechtsteile«. Das, was das Schöffengericht als »Schweinerei« bezeichnete und für »eine fortgesetzte Verhöhnung der Obrigkeit« hielt, regt heute allerdings niemanden mehr auf. Meister und Schüler hatten sich im Garten des Hauses in Höllriegelskreuth hüllenlos gesonnt. Da der hinter dem Haus liegende Garten von dichtem Buschwerk umgeben war, musste sich der anzeigende Gendarm durch Dornengestrüpp anpirschen, um die »Unsittlichkeit« wahrzunehmen.

Diefenbach wurde zu sechs Wochen Haft verurteilt, der 20-jährige Fidus erhielt eine dreiwöchige Haftstrafe und zusätzlich zwei Tage Extra-Haft wegen »Achtungsverletzung«, da er die heiligen Hallen des Gerichts barfuß betreten hatte.

Fidus wurde als Hugo Höppener 1868 in Lübeck als Sohn eines Konditors geboren. In der Schule fiel der kleinwüchsige und schwächliche Junge durch seine künstlerische Begabung auf. Die Eltern unterstützten seine Fähigkeiten und schickten ihn auf die Kunsthochschule nach München, wo er sich dem Freundeskreis um den Maler Karl Wilhelm Diefenbach, einem Vorkämpfer der Lebensreform, anschloss.

Als Gegenströmung zur Industrialisierung entwickelten sich im letzten Drittel des 19. Jahrhunderts, nicht nur in Deutschland, vielfältige Reformbewegungen. Freikörperkultur, Vegetarismus und Naturheilkunde fanden eine stetig wachsende Anhängerschaft.

So wanderten Naturapostel Diefenbach und sein Schüler Fidus, beide mit langen wallenden Haaren, gekleidet in grob gewebte lange Baumwollgewänder und barfuß durch die Lande – zum Entsetzen der wilhelminischen Gesellschaft.

In Berlin traf sich Fidus mit Gleichgesinnten in der Wohnung von Wilhelm Hübbe-Schleiden in der Steglitzer Düntherstraße. Dieser hatte die Theosophische Vereinigung begründet, deren Leitung er 1902 an Rudolf Steiner abgab. Fidus blieb in Berlin und widmete sich neben der Malerei den Illustrationen der Monatszeitschrift »Sphinx«. Seine Bilder und Zeichnungen spiegelten das Idealbild des neuen Menschen: schlanke, sportliche, meist nackte Knaben und Mädchen.

1907 zog Fidus nach Woltersdorf, wo er sich ein stattliches Atelierhaus bauen ließ. Zu dieser Zeit war er bereits ein angesehener Jugendstil-Maler, dessen Haus nun zum Treffpunkt von Künstlern, Lebensreformern und Freidenkern wurde. Schriftsteller wie

.ichtgestalt« – .o stellte Fidus das Idealbild des neuen Menschen dar: schlank, sportlich, nackt. n Bild aus dem Jahre 1913.

Bruno Wille, Gerhart Hauptmann, und Peter Hille, die Kritiker Gebrüder Hardt und die Soziologen Gebrüder Kampffmeyer gehörten zu den häufigen Gästen in der Kolonie Schönblick.

Nach dem Ersten Weltkrieg konnte Fidus allerdings nicht an die alten Erfolge anknüpfen. Von den nationalsozialistischen Ideen angetan, trat er 1932 in die NSDAP ein und malte 1941 »Das Haupt des Führers«, den er einen »universellen Helden« nannte. Die Nazis dankten es ihm nicht; sie verboten die Veröffentlichung.

Das »Hätschelkind des Großbürgertums«, wie Fidus von einem Kritiker genannt wurde, verstarb 1948 und wurde auf dem Woltersdorfer Friedhof beigesetzt. Sein Atelierhaus in der Köpenicker Straße 46 wurde vor wenigen Jahren restauriert und sollte Ausstellungs- und Veranstaltungsort werden. Dann gab es Streit um Parkplätze und Ablösesummen mit der Verwaltung. Man konnte oder wollte sich nicht einigen – jetzt steht das Haus leer und soll verkauft werden.

FREILAUF: EINE STRASSE FÜR UNGEWÖHNLICHE MENSCHEN

1993 besuchte ich erstmals mit dem Fahrrad Woltersdorf. Ich wollte mir den Ort anschauen, von dem ich eigentlich nur wusste, dass er eine Schleuse hat und mit einer musealen Straßenbahn zu erreichen ist. Außerdem interessierte mich das Atelierhaus des Jugendstil-Malers Fidus, eines Bürgerschrecks, der 1908 in die Köpenicker Straße 46 zog.

Das Haus war unbewohnt und in schlechtem Zustand. Ein älterer Nachbar, der mich beobachtet hatte, trat auf mich zu und erzählte, dass er Fidus noch persönlich kannte und bis zu seinem Tod 1948 mit ihm befreundet war. Ich erfuhr, dass mein Gegenüber bereits 99 Jahre alt und früher Flieger war. Dann wurden wir gestört, die Unterhaltung war beendet.

Ein Jahr später kam ich wieder in die Straße. Das Fidus-Haus war in unverändert miserablem Zustand, also klingelte ich beim Nachbarn, um vielleicht das begonnene Gespräch fortzusetzen. Eine Frau öffnete

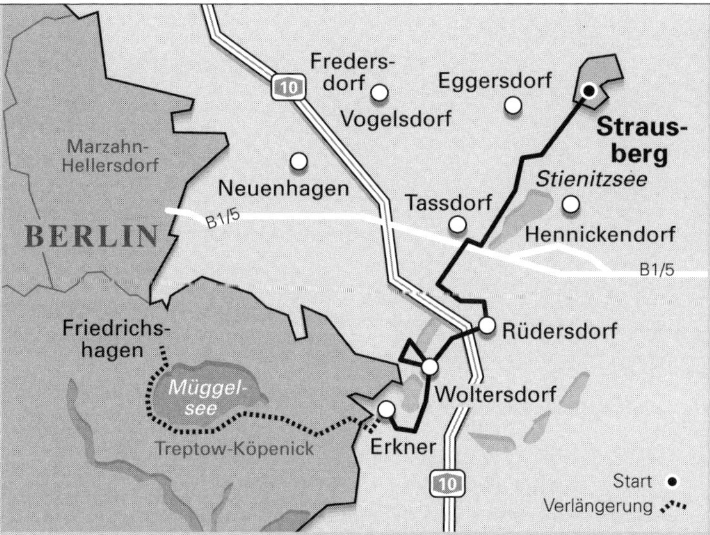

KURZ & LANG

Vom Bahnhof Strausberg bis zum Bahnhof Erkner beträgt die Strecke 28 Kilometer. Es gibt zwischendurch keine Möglichkeit, die Route abzukürzen. In Erkner angekommen, kann die Radwanderung aber um 14 Kilometer verlängert werden und endet dann am S-Bahnhof Friedrichshagen (Gesamtstrecke 42 Kilometer).
Der Weg unserer Tour führt durch eine ausgesprochen reizvolle und abwechslungsreiche Landschaft. Es müssen keine großen Steigungen überwunden werden, nur in Rüdersdorf und Woltersdorf geht es etwas aufwärts. Märkischer Sand erschwert das Fortkommen nur an manchen Stellen nahe dem Stienitzsee. Die Wege führen oft am Wasser entlang; es gibt schöne Picknick- und Badestellen.
Wer in Erkner die Tour verlängern will, radelt erst weiter entlang am Ufer des Dämeritzsees und folgt dann der Müggelspree, bis diese in den Müggelsee mündet.
Auf den letzten Kilometern zum S-Bahnhof Friedrichshagen umrundet man den halben Müggelsee.

RAD & RAT

Wie komme ich hin? Der Bahnhof Strausberg ist mit der S-Bahn (S 5) bequem zu erreichen.

... und wie zurück? Vom Bahnhof Erkner fährt die S 3 alle 20 Minuten. Alle 30 Minuten fährt auch der RegionalExpress (RE 1) und hält am Ostbahnhof, Alexanderplatz, Friedrichstraße, Zoologischer Garten, Charlottenburg und Wannsee. Nach der Tour-Verlängerung steigen Sie in Friedrichshagen in die S 3. Zugauskunft: Tel.: 11861 oder VBB-Infotelefon 254 14 141.

Touristeninformation: Hans-Striegelski-Straße 5, Tel.: 033 638/853 22, Di. 9–12 und 13–18 Uhr, Do. 9–11 Uhr (www.amt-ruedersdorf.de)

Pannenservice: »Gebr. Wurster« in der Woltersdorfer Schleusenstraße 62, Mo.–Fr. 9–18.30 Uhr, Sa. 9–13 Uhr, Tel.: 03362/58 62 20, und der »M & M-Laden« in der Rüdersdorfer Rudolf-Breitscheidt-Straße 37, Mo.–Fr. 9–18 Uhr, Sa. 9–12 Uhr. Beide Läden bieten Service an der Strecke; die »Gebr. Wurster« verleihen auch Räder.

In Woltersdorf gibt es einen Bootsverleih an der Strandpromenade 7, Tel.: 03362/50 00 16.

Heimatmuseum Erkner: Heinrich-Heine-Straße 17–18, Tel.: 03362/224 52, Mi. 15–18 Uhr, Sa. 14–18 Uhr, So. 10–12 und 14–17 Uhr.

Leckeren Kuchen gibt es in Woltersdorf, neben der Schleuse, im Café Knappe. Tel.: 03362/91 63, Di.–Fr. 9–18 Uhr, Sa.–So. 11–19 Uhr.

Weitere Hinweise finden Sie »Am Wegesrand« auf der Rückseite der Streckenkarte.

und ich erfuhr, dass Martin Haller, so der Name des älteren Herrn, kurz zuvor im 100. Lebensjahr verstorben war. Haller war ein Flugpionier, der 1913 auf dem Flugplatz Johannisthal sein Flugpatent Nr. 565 erworben hatte. 1915 wurde er über Warschau abgeschossen und kam nach Omsk in Gefangenschaft. Von dort floh er und lief zu Fuß rund 3000 Kilometer nach Woltersdorf zurück.

Ich fuhr einige Meter mit dem Fahrrad weiter, dann hatte ich einen Platten. Ich flickte meinen Reifen und fühlte mich dabei aber irgendwie beobachtet. Als ich mich umdrehte, sah ich unvermittelt einem noch jungen Straußenvogel in die Augen. Wenig später lernte ich auch seinen Besitzer, Max Törper, kennen und stellte fest: die Köpenicker Straße in Woltersdorf ist offensichtlich ein gutes Pflaster für ungewöhnliche Menschen (siehe auch »Am Wegesrand«).

Carl-Peter Steinmann

ALLES SAUBER, ALLES REIN

Das Wasser des Liepnitzsees kann man sogar trinken. Dass er nach der Wende entdeckt wurde, hat auch mit der nahen Wandlitz-Siedlung der einstigen DDR-Führung zu tun.

RADPARTIE 6

Rundtour: Start und Ziel Bahnhof Bernau
Länge: 32 Kilometer
Verkürzte Route: 20 Kilometer,
verlängerte Route: 47 Kilometer

Als der Angler seinen Fang wie eine Trophäe nach oben stemmt, fängt sein Kahn bedrohlich zu schwanken an, und am Ufer kichern die Schaulustigen. Doch der Angler erreicht unbeschadet das Land. »Ein Eimer voller Maränen!« Jetzt bricht Begeisterung los. Der Angler zeigt einige der etwa 15 Zentimeter langen Fische. »Unser Liepnitzsee ist doch eine Goldgrube«, ruft er und strahlt.

Tatsächlich gelten Maränen als unbestechlicher Gradmesser für die Sauberkeit eines Gewässers. Wo sie sich heimisch fühlen, kann auch der gemeine Mensch gefahrlos baden. »Alles sauber, alles rein«, sagt der Angler. Alles Quellwasser. »Aus unserem See könnte man sogar trinken. Da käme selbst der Stechlinsee bei Rheinsberg nicht heran.« Und wer wollte widersprechen?

Der Liepnitzsee ist ein 114 Hektar großes Juwel. Zwischen Bernau und Wandlitz laden seine lauschigen Ufer zum Träumen ein. Man rastet unter mächtigen Buchen und Kiefern und blickt auf den glitzernden See. In dessen Mitte erhebt sich die Insel Großes Werder, die durch die alte Fähre »Frieda« mit dem Festland verbunden ist. Der Reiz dieser Landschaft hat sich bereits herumgesprochen; wer allein sein will, muss sich neue Plätze am See suchen – von denen es allerdings nicht wenige gibt. Radfahrer haben also gegenüber Wanderern unbestritten einen Vorteil: Sie können viel schneller nach einer schönen Stelle Ausschau halten, wenn der mögliche Stammplatz besetzt sein sollte.

Viele einstige West-Berliner zog es nach der Wende an den Liepnitzsee. Auch wegen der Berichte

›Frieda« legt ab. Die alte Fähre bringt die Ausflügler zur Insel Großes Werder im Liepnitzsee.

über eine Siedlung ganz in der Nähe: »Wandlitz«. Im Mittelpunkt stand aber nicht das kleine Dorf am gleichnamigen See, sondern der zu DDR-Zeiten hermetisch abgeschottete Wohnsitz der Partei- und Staatsführung. Genau genommen hatte das 1960 bezogene Areal mit 23 Häusern in einem gesondert gesicherten Innenring und mit einem ergänzenden Außenring aus zahlreichen Versorgungsgebäuden nichts mit dem 3 Kilometer entfernten Wandlitz zu tun. Laut Grundbuch gehörte die Waldsiedlung von Ulbricht, Honecker, Krenz & Co. zum Stadtforst Bernau. Doch Wandlitz wurde zum Synonym für Machtmissbrauch, Bereicherung und Funktionärsclique. Lange mussten die Bewohner Beschimpfungen wie »verruchtes Wandlitz« und »Schandlitz« ertragen.

Aber man dachte sich auch etwas anderes: Wo die Mächtigen es sich gut gehen lassen, da muss es schön sein. Und so wurde beim Ausflug in die Bonzensiedlung nicht nur die Neugier auf die Wohnverhältnisse der Führung befriedigt, sondern auch die Umgebung in Augenschein genommen. Im Hand-

umdrehen sprach sich die Schönheit des nur 1,5 Kilometer entfernten Liepnitzsees herum. Selbst Ostlern erging es so. Denn auch für sie war »Volvograd«, wie die Partei-Siedlung wegen der morgendlichen und abendlichen Kolonnen aus schwedischen Karossen hieß, nicht gerade ein besonders erstrebenswertes Ziel.

Abflug ins erfrischende Bad. Der Obersee in Lanke ist weniger bekannt als der Liepnitzsee – und gilt als Geheimtipp

Mehr als ein Jahrzehnt später hat sich viel verändert. Bis auf das Wachhäuschen erinnert in der Waldsiedlung kaum noch etwas an die Vergangenheit. Kurpatienten bummeln mit Schülern einer Tennisakademie und Hotelgästen auf gepflegten Wegen durch den Park. Rund um den Liepnitzsee schätzen sie genau wie Radfahrer die asphaltierten Wege, die ihre Entstehung auch der DDR-Führung verdanken. Die in der Umgebung stationierten Sicherheitsposten sollten im Ernstfall so schnell wie möglich von allen Seiten das wohl wichtigste Gelände der gesamten kleinen Republik erreichen können. Kein Ast oder Loch im Sandweg durfte dabei die Anfahrt der Mannschaftswagen behindern. Der Radler freut sich heute, ohne diese Details zu kennen. Selbst Anfänger oder Familien mit Kindern kann deshalb diese Tour zum Liepnitzsee empfohlen werden.

Gerade Kindern gefällt es hier: Zahlreiche Tiere – Eichhörnchen, Rehe, Kuckuck oder Schellente – kennen keinerlei Scheu vor Menschen. Jahrelange Präsenz von Wachleuten und Jagdverbot haben in der Tierwelt ein Gefühl der Sicherheit ausgelöst.

Wer am lauschigen Westufer des Sees rastet, kann beim Blick auf die Landkarte noch über eine geographische Eigenart nachsinnen. Hier verläuft die Wasserscheide zwischen Ost- und Nordsee. Während der Abfluss des nur 2 Kilometer entfernten Wandlitzsees über Rahmer- und Lubowsee im Tal der Briese und damit später in der Havel und Elbe endet, entwässern der Liepnitz-, der Ober- und der Hellsee in die Alte Finow und später in die Oder. Ihren Ursprung haben alle Waldgewässer in der letzten Eiszeit vor mehr als 10 000 Jahren.

Auch der dichte Wald unweit des an unserer Radroute gelegenen Hellsees birgt so manche Geheimnisse. Großadmiral Karl Dönitz ließ sich hier einen unterirdischen Bunker für die Leitung des Kriegseinsatzes der U-Boot-Flotte zwischen 1943 und 1945 bauen. Bis zu 1000 Soldaten fanden in den zwei Etagen unter der Erde Platz. Unweit davon deuten dicke Betonmauern auf die einst mächtigen, aber vorwiegend überirdisch gebauten Bunker für das Wachpersonal und die Funkeinheit hin.

Die Bauwerke wurden nach Kriegsende zwar gesprengt, doch die angebrachte Ladung war offensichtlich viel zu gering. Den Dönitzbunker beschlagnahmte der Führungsstab der 20. Sowjetischen Gardearmee für seine Zwecke. Vor den Militärs gehörte das Gelände den ebenfalls auf unserer Tour liegenden Hoffnungsthaler Anstalten in Lobetal. Sie mussten die Grundstücke an den Reichsfiskus abtreten, stellten nach der Wende aber keinen Rückgabeanspruch.

Doch leer stehen weder der Dönitzbunker noch die in der Umgebung weit verbreiteten unterirdischen Bunker der Armeen der DDR und der Sowjetunion. Hier fühlt sich eine vom Aussterben bedrohte Tierart wohl: Fledermäuse schätzen die gleichmäßigen Temperaturen für ihren Winterschlaf. Das Bundesumweltministerium und die Stiftung »Euronatur« gaben zum Schutz der Flattertiere mehrere hunderttausend Euro. »Seltene Tiere sind der beste Beweis für eine intakte Natur«, so Projektleiter Matthias Meißner.

AM WEGESRAND: FAST WIE AN DER LOIRE

Das bauliche Schmuckstück der Radtour zu den Waldseen ist im Dorf Lanke hinter einer Mauer und einem Zaun versteckt. Aber ein zwei Meter breites Loch in der Ziegelmauer an der Straße nach Biesenthal reicht aus, um in den Garten des Schlosses Lanke zu steigen. Der etwas ungewöhnliche und abenteuerliche Abstecher lohnt sich. Denn im Stil der Renaissance erbaut, unterscheidet sich das Gebäude doch stark vom Bild der meisten märkischen Schlösser und Herrenhäuser. Ärger mit dem Schlossherren wegen des unangemeldeten Besuchs muss niemand befürchten. Das Haus steht seit langem leer.

Mancher Ausflügler mag sich beim Anblick der mit Türmchen verzierten Fassade an die Ufer der Loire versetzt fühlen. An Vorbildern für das Lanker Schloss mangelt es in diesem romantischen Teil Frankreichs nicht. Tatsächlich hat sich der Bauherr mit dem schönen Titel »Oberst-Kämmerer und Wirklicher Geheimer Rat Seiner Majestät des Königs« Graf Wilhelm

:twas für Burgfräulein: Das Renaissance-Schloss Lanke entzückt mit verspielter Architektur.

von Redern an Bildern schöner Bauten aus jenem Landstrich orientiert. Zwischen 1856 und 1859 ließ er auf den Grundmauern eines im Dreißigjährigen Krieg zerstörten Vorgängerbaus das Schloss im heutigen Aussehen vom Architekten Eduard Knobloch errichten. Der Park soll vom Gartenarchitekten Peter Joseph Lenné angelegt sein. Doch neue Nachforschungen von Berliner Studenten ließen Zweifel an dieser in vielen Büchern stehenden Aussage aufkommen. Möglicherweise hat der Gartenmeister nur einen kurzen Blick auf die fertigen Pläne geworfen.

Friedrich Wilhelm Graf von Redern galt um die Mitte des 19. Jahrhunderts als eine Schlüsselfigur des Berliner Kulturlebens. Er war Generalintendant der Königlichen Bühnen – heute Konzerthaus und Staatsoper – und besaß Berlins schönstes Stadtpalais am Platze des heutigen Hotels Adlon. Außerdem gehörte er als alter märkischer Adel zu den reichsten Großgrundbesitzern seiner Zeit, baute Schlösser, empfing dort mit Vorliebe Künstler und pflegte gute Kontakte zur Monarchie: Er kannte alle Intimitäten über Friedrich Wilhelm III., kritisierte die politische Haltung Friedrich Wilhelms IV. und genoss die Freundschaft des späteren Kaisers Wilhelm. Redern war immer dabei und wusste viel aus erster Hand – weshalb die Veröffentlichung seiner Memoiren von der Zensur gestoppt wurde.

Er starb 1883. Gut zwanzig Jahre später gehörte seine Familie zu den größten Grundbesitzern des Niederbarnims. Doch eine geschäftliche Pleite bereitete der Erfolgsära ein rasches Ende. Um seine Schulden zu tilgen, verkaufte der letzte Schlosseigentümer, Freiherr von Redern, 1914 das Landgut Lanke und das Schloss an das Land Berlin. 1936 kam der gräfliche Redernsche Waldbesitz dazu, wobei sich der damalige Reichsminister Goebbels einen großen Teil der Ländereien überschreiben ließ.

Das Schloss Lanke diente von da an ab und zu als exklusives Gästehaus. Zu DDR-Zeiten wohnten dort alte und geistig behinderte Menschen. Zuletzt nutzten die Hoffnungsthaler Anstalten die Räume bis zur Wende. Danach übernahmen die Berliner Stadtgüter die Verwaltung. Mit erheblichem Aufwand wurden Dach und Türme erneuert, um das Schloss gewinnbringend verkaufen zu können. Tatsächlich meldeten sich zahlreiche Kaufinteressenten. Pläne von einem Hotel, einer Rehabilitationsklinik, einem Seniorenheim oder einem Spielcasino machten die Runde. Doch alle Hoffnungen der Gemeinde zerschlugen sich. Die möglichen Käufer hatten sich von der schönen Außenfassade täuschen lassen, schreckten aber nach Besichtigung der Innenräume vor den Sanierungskosten zurück. So sucht die Berliner Senatsverwaltung für Finanzen noch immer einen Käufer für das Loire-Schloss in der Mark.

KURZ & LANG

Diese Tour ist 32 Kilometer lang, doch für untrainierte Radfahrer oder Familien mit Kindern bietet sich ein 12 Kilometer kurzer Trip auf überwiegend glatten Asphaltwegen an. Start ist der S-Bahnhof Bernau, Endpunkt der Bahnhof Wandlitzsee. Wir folgen der Beschreibung bis zum Liepnitzsee. Dort fahren wir bis zur rechten Abzweigung zum Strandbad Liepnitzsee. Nach links ist ein Weg in Richtung Wandlitz ausgeschildert. Nach einem Kilometer erreicht man eine Straße, die zum Bahnhof führt. Hier verkehren Triebwagen der RB 2 bis zum Bahnhof Berlin-Karow, wo S-Bahn-Anschluss besteht. Verlängert werden kann die Tour durch einen Abstecher nach Wandlitz. Rüstige Radler können den Ausflug auch am S-Bahnhof Buch oder Blankenburg beenden. Dafür sollten sie in Bernau hinter dem Gasthaus »Zum Kirschgarten« auf der Fichtestraße die Oranienburger Straße überqueren und bis zur Schönower Chaussee vorfahren. Auf ihr geht es nach Zepernick, von dort auf dem Pankeweg nach Buch und entlang der Karower Teiche bis nach Blankenburg.

FREILAUF: HINTER JEDEM BAUM EIN STÜCK GESCHICHTE

So eine Häufung von Orten voller Geschichte kann kein Zufall sein. Da sucht der Allgemeine Deutsche Gewerkschaftsbund 1927 rund um Berlin nach einem schönen Standort für seine Schulungsstätte und wird bei Bernau fündig. Nach der Machtergreifung der Nazis entscheiden sich SS und SD ausgerechnet für diese Anlage, um in der Abgeschiedenheit ihre Führungskräfte auszubilden. Hier proben sie den angeblichen Überfall polnischer Militärs, der als Vorwand für den Beginn des Zweiten Weltkriegs diente.

Fast in Nachbarschaft des nach dem Krieg als Kaderschmiede für kommunistisch orientierte Gewerkschafter aus aller Welt genutzten Komplexes rückten ab 1958 die Bagger für ein noch größeres Bauvorhaben an. Das SED-Politbüro ließ sich eine abgeschirmte Siedlung in den Wald bauen. Unter dem Namen des nicht weit entfernten Wandlitz ging sie in die Geschichtsbücher ein. Am Liepnitzsee erhielten die Spitzenfunktionäre ein Freibad.

An den Wäldern und Seen in der Umgebung der nur wenige Kilometer entfernten Lanke fand schließlich Großadmiral Karl Dönitz Gefallen. Er nahm hier nicht nur seinen Wohnsitz, sondern ließ dort einen riesigen unterirdischen Militärbunker bauen, in dem sich ab 1945 auch der Führungsstab der 20. Sowjetischen Gardearmee wohl fühlte; sie kehrte erst 1994 als eine der letzten Einheiten in die Heimat zurück. Und ganz in der Nähe hatte Erich Honecker 1989 Asyl genommen – im Pfarrhaus Lobetal.

Eine Erklärung für so viele geschichtsträchtige Bauten liegt auf der Hand: Die Landschaft ist reizvoll, schnell erreichbar und trotz der Nähe zu Berlin abgeschieden.

Claus-Dieter Steyer

ächtige Wehr-
uern umringen
Stadt Bernau.
Das Foto zeigt
ks den runden
Hungerturm.
diente einst als
efängnis. Über
nen Wehrgang
ar der Turm mit
dem eckigen
teintor (rechts)
verbunden.

RAD & RAT

Wie komme ich hin? Nach Bernau verkehrt die S-Bahn S 2 im 20-Minuten-Takt von Blankenfelde über Anhalter Bahnhof, Friedrichstraße, Gesundbrunnen und Pankow. Außerdem hält in Bernau der RegionalExpress 3 nach Stralsund. Man kann in Berlin an den Bahnhöfen Zoologischer Garten, Friedrichstraße, Alexanderplatz, Ostbahnhof und Hohenschönhausen zusteigen. Und von Berlin-Lichtenberg startet die Regionalbahn 60 über Hohenschönhausen nach Bernau. Wer mit dem Wagen kommt, findet am Bahnhof gute Parkmöglichkeiten.

... und wie zurück? Mit der S-Bahn S 2 oder den Regionalexpresszügen (s. o.). Zugauskunft unter Tel.: 11861 oder VBB-Infotelefon 254 14 141.

Das Fremdenverkehrsamt Bernau findet man in der Bürgermeisterstraße 4, Tel.: 03338/761 919. Geöffnet: Mo.–Fr. 9–18 Uhr, Sa. 9–13 Uhr (vom 1. April bis 30. September). Im Internet: www.bernau.com.

Naturparkverwaltung Barnim, Wandlitz, Kirchstraße 11, Tel.: 033397/6970. Im Internet: www.naturpark-barnim.de

Erste Hilfe am Rad leistet das »Fahrrad-Center Berger« in der Heinersdorfer Straße 28 in Bernau, Tel.: 03338/ 70 50 52. Geöffnet: werktags 10–18 Uhr, Sa. 9–13 Uhr.

Bauhausensemble Gewerkschaftsschule in Bernau-Waldfrieden: Führungen nach Anmeldung beim Förderverein unter Tel.: 03338/76 91 22 (www.baudenkmal-bundesschule-bernau.de).

Auf halber Strecke liegt die Gaststätte »Jägerheim« mit Terrasse und zum Namen passenden Wildspezialitäten. Adresse: Ützdorf, Wandlitzer Straße 12 (kurz nach der Liepnitzsee-Fähre). Tel.: 033397/7530. Geöffnet: täglich ab 11 Uhr, im Januar nur am Wochenende.

Touristenzentrum »Alte Schmiede« in Lobetal, Tel.: 03338/66 435. Geöffnet: Mo.–Fr. 15–17 Uhr, am Wochenende 14–17 Uhr.

Weitere Hinweise finden Sie «Am Wegesrand« auf der Rückseite der Streckenkarte.

Carl-Peter Steinmann,
Claus-Dieter Steyer,
Christoph Stollowsky

Radpartien im Berliner Umland 2

96 Seiten
34 s/w-Abb., 6 Karten,
ISBN 3-89479-144-6